전북 東鐵西鹽 길잡이

신선의 땅 운봉고원 鐵이다

곽장근

신아출판사

목차

프롤로그 • 4

01 무쇠를 가진자가 세상을 지배한다 • 11
02 전북 동부 아이언로드(Iron-Road) • 17
03 지리산 달궁계곡 달궁터와 마한왕 • 26
04 동북아 문물교류 허브, 기문가야 • 32
05 가야계 철기유물의 최고봉, 꺾쇠 • 61
06 금은 상감 환두대도 속 첨단기술 • 65
07 쇠로 만든 자루솥 주인공 누굴까 • 69
08 철 가공 기술의 걸작품 비늘 갑옷 • 73
09 고구려 고분벽화 기꽂이 보물창고 • 77
10 철 가공 기술의 극치 복발형 투구 • 81

11 무령왕릉보다 30여 년 앞선 청동거울 • 84

12 기문가야 자주외교의 표상 계수호 • 88

13 일본열도에서 바다를 건너온 수즐 • 92

14 운봉고원 국보급 가야토기 박물관 • 96

15 가야고분군 세계유산에 등재되다 • 100

16 백제와 신라의 20년 철의 전쟁 • 105

17 남원 성산산성, 백제 각산성 실증 • 116

18 신라, 운봉고원에 국력을 쏟았다 • 126

19 한반도 철불의 본향, 남원 실상사 • 132

20 후백제 국력의 화수분, 운봉고원 • 140

에필로그 • 148

프롤로그

우리나라 전통지리학의 지침서로 알려진 신경준(申景濬)이 편찬한 『산경표(山經表)』에 백두대간(白頭大幹)이 실려 있다. 백두산 장군봉에서 시작하여 동쪽 해안선을 끼고 남쪽으로 흐르다가 태백산 근처에서 서쪽으로 방향을 틀어 영취산(靈鷲山)과 노고단, 반야봉을 지나 지리산 천왕봉까지 뻗은 거대한 산줄기이다.

백두대간은 한반도를 동서로 갈라놓는 경계로 다시 백두대간에서 뻗어나간 여러 갈래의 산줄기들은 지역권 및 생활권을 구분 짓는 경계선이 되었다. 그리하여 한반도를 다룬 역사책의 바이블이다. 삼국시대 때는 백제와 신라의 국경선을, 조선시대에는 경상도와 전라도의 행정 경계를 이루었다.

백두대간은 또한 한반도의 등뼈이자 자연 생태계의 보고로 그 동쪽에 신선의 땅 운봉고원이 있다. 행정구역상으로는 전북특별자치도 남원시 운봉읍·인월면·아영면·산내면이 운봉고원을 이룬다. 남원시 23

개 읍면동 중 4개 읍면이 백두대간 동쪽에 위치하여 남원 동부권을 형성한다.

운봉고원은 또한 금·은·동·철 등 무궁무진한 지하자원의 보고로서 전북 경제활동의 심장부였다. 그리하여 신선들이 살 만큼 넉넉하고 풍요롭다는 뜻으로 마치 샹그릴라를 불러일으킨다. 운봉고원과 동일한 생활권 및 문화권을 형성하고 있는 경남 함양군 마천면은 반려암 산지로 반려암에는 철분의 함유량이 희박하다.

운봉고원은 지리산 서북쪽 끝자락에 위치해 해발 500m 내외의 전형적인 고원지대로서 남강(南江), 섬진강(蟾津江) 유역으로 나뉜다. 백두대간 봉화산(烽火山)과 세길산에서 각각 발원하는 풍천과 광전은 남강 지류들로 남원시 산내면 소재지에서 지리산 달궁계곡(達宮溪谷)과 뱀사골에서 흘러온 만수천과 만난다. 여기서부터 수량이 풍부하고 그 폭도 넓어져 임천강으로 불리는데, 임천강은 줄곧 남동쪽으로 흘러 경남 산청군 생초면에서 남강 본류와 만난다.

반면에 백두대간 만복대 북쪽 기슭에서 시작하는 원천천은 섬진강 지류로 운봉고원 서남쪽을 적시고 구룡폭포를 지나 섬진강으로 들어간다. 운봉고원 내 남원시 주천면 고기리·덕치리 일대가 섬진강 유역에 속한다. 이렇듯 운봉고원이 남강과 섬진강을 함께 거느린다는 빼어난 자연환경도 꼭 기억하여야 한다.

전북 동부에 두 개소의 신라 행정 치소가 있다. 하나는 무주군 무풍면에 설치된 무산현(茂山縣)과 다른 하나는 운봉고원 모산현(母山縣)이다. 통일신라 때 모산현이 운봉현(雲峰縣)으로 개칭된 뒤 경남 함양읍에 두었던 천령군(天嶺郡)의 영현으로 편입되었다. 고려 태조 23년(940) 남원부(南原府)와 처음 인연을 맺은 뒤 백두대간 산줄기를 넘어야 하는 일상생활의 불편함에도 불구하고 천년 남짓 전북 남원에 속하였다.

조선시대 예언서 『정감록(鄭鑑錄)』에 사람들이 살기 좋은 십승지지(十勝之地)에 운봉고원이 무주군 무풍면과 함께 이름을 올렸다. 지리산의 절경이 만든 신선의 땅으로 백성들이 천난·외난·인난을 피할 수 있는 최고의 보신처(保身處)였다. 삼국시대 전북 동부에 설치된 신라 행정 치소가 모두 십승지지에도 함께 초대를 받았다.

백두대간 품속 운봉고원이 세간(世間)에서 신선의 땅으로 알려진 본바탕은 무엇일까? 무슨 이유로 신라는 전북 동부 두 곳을 철통같이 잘 지켜 『삼국사기(三國史

記)』에 신라 땅으로 나올까? 운봉고원이 신비롭고 아름다운 산골짜기를 상징하는 샹그릴라를 어떻게 연출하였을까?

1989년 필자가 남원 유곡리와 두락리 고분군 발굴조사에 참여하였을 때 모든 궁금증이 단번에 풀렸다. 아직 봄이 오지 않았는데도 논 주인이 살얼음을 깨고 논으로 들어가는 것이었다. 아무리 말리고 또 말렸지만 어르신의 답변은 명쾌하였다. 지금 못자리를 시작하지 않으면 가을에 벼 수확이 어렵다는 것이었다. 겨울이 빨리 오기 때문이다. 필자가 운봉고원에서 수많은 유적을 찾았을 때의 환희보다 지금도 기억에 선한 명장면이다.

1990년대 전북 동부 지표조사를 할 때 가장 많은 시간을 보낸 곳이 운봉고원이다. 아무래도 가야계 분묘유적의 밀집도가 높고 그 규모도 워낙 방대하였기 때문이다. 이때 신선의 땅 운봉고원과 첫 인연을 맺었고, 백제와 신라의 20여 년 최대 격전지 아막성(阿莫城)에도 큰 관심을 가지게 되었다.

놀랍게도 1970년대부터 지질학자들은 운봉고원의 철광석을 주목하고 있었다. 당시 지질학자들이 운봉고원의 철광석을 니켈 철광석으로 세상에 알렸다. 사실 니켈 철광석은 철광석의 제왕(帝王)이다. 만약 지질학자들의 연구가 없었다면 필자는 운봉고원의 철을 선뜻 떠올리지 못하였을 것이다. 모든 유적에 역사의 생명력을 불어넣기 위해서는 학제간 융복합 연구가 절실하다는 것을 다시 일깨워주었다.

운봉고원 일대 지표조사를 실시하면서 철과 또 다른 인연을 맺었다. 남원시 운봉읍 공안리 수철리마을에서 수철리(水鐵里)라는 마을 지명이 그 주인공이다. 면담조사 때 마을 주민들이 수철리 지명에는 철을 생산하고 가공하던 의미가 담겼다고 설명해 주었다. 이 마을 동남쪽 세걸산 북쪽 기슭에서 운봉고원을 적셔주는 광천이 시작하는데, 그 발원지가 금샘이다. 우리말로 금샘은 쇠샘이다. 금샘에서 마을까지의 구간을 금새암골이라고 하여 지명에 철 이야기를 수놓았다.

기원전 84년 지리산 달궁계곡으로 피난 온 마한왕이 철기문화를 전해 주어 철광석을 녹여 철을 생산하던 40여 개소의 제철유적이 발견되어, 전북 동부에서 철기문화가 가장 번창하였던 곳이다. 달궁계곡에서 '궁'자는 경복궁(景福宮) 궁자처럼 집 궁(宮)자를 쓴다. 한반도에서 단일 지역 내 제철유적의 밀집도가 가장 높은 곳으로 숯을 생산하던 숯가마 왕국이다.

남원 유곡리와 두락리 등 가야계 핵심 분묘유적이 위치한 아영분지에서는 한 개소의 제철유적도 발견되지 않았다. 그렇지만 면담조사 때 운봉고원에서 유명한 대장간이 아영분지에 많았었다고 주민들이 증언해 주었다. 이를 근거로 철을 생산하던 제철단지와 철제품을 만들던 가공단지가 서로 분리되어 있었을 개연성이 높다.

 운봉고원은 또한 줄곧 교역망의 허브였다. 백제를 비롯하여 영산강, 섬진강, 동진강 유역에 기반을 둔 세력집단이 백두대간을 넘어 가야 소국들과 교류하기 위해서는 대부분 운봉고원을 경유하였다. 한성기부터 백제의 중앙과 경남 서부를 최단 거리로 이어주던 백두대간의 치재로도 운봉고원을 비스듬히 가로질러 넘강을 따라 산청·진주 등 경남 서부로 이어진다.

 전북과 경남 경계를 이룬 팔령치(八嶺峙)는 운봉고원 동쪽 관문으로 경남 함양과 거창, 경북 고령 방면으로 이어진 옛길이 통과한다. 백두대간 여원치(女院峙)를 넘으면 남원 서부권으로, 구동치를 넘으면 전남 곡성 등 섬진강 유역으로 곧장 나아갈 수 있다. 이렇듯 운봉고원을 중심으로 사통팔달하였던 교역망은 문물교류의 십자로(十字路)이자 철의 유통과 관련이 깊을 것으로 추정된다.

 이때부터 운봉고원의 미스터리가 하나하나씩 풀리기 시작하였다. 신선의 땅이라는 이야기도, 동북아를 아우르는 기문가야의 탄생도, 백제와 신라의 아막성 전쟁 원인도, 운봉고원에 국력을 쏟은 후백제의 국가 전략도, 조선시대 십승지지에 이름을 올린 운봉고원의 근원도 모두 철과 무관하지 않은 것 같다. 만약 지질학자가 운봉고원의 니켈 철광석을 알리지 않았다면 운봉고원의 미스터리는 영원히 풀 수 없었을 것이다.

01
무쇠를 가진자가 세상을 지배한다

흔히 "무쇠를 가진 자가 세상을 지배한다"라는 격언이 있다. 예나 지금이나 부와 권력과, 국력의 원천이 철(鐵)이다. 고고학에서도 철을 생산하던 제철유적을 최고의 생산유적으로 꼽는다. 예전에 철을 생산하던 제철유적은 오늘날 포항제철과 그 의미가 같고 생산유적의 제왕으로 통한다.

한반도에서 학계에 보고된 700여 개소의 제철유적 중 진북 동부에 300여 개소의 제철유적이 모여 있다. 전 세계적으로도 단일 지역 내 제철유적의 밀집도가 월등히 높다. 지금도 국립군산대학교 고고학팀이 제철유적을 찾는 정밀 지표조사를 지속적으로 펼치고 있기 때문에 그 수가 더 추가될 것으로 예상된다.

인간의 지혜와 자연의 철광석이 하나로 응축된 제철유적은 전북문화유산의 백미(白眉)다. 어떠한 제철유적도 원료인 철광석과 연료인 숯, 첨단기술 등 세 가지 핵심 조건이 충족되어야 한다. 여기서 반드시 꼭 갖추어야 할 것은 첨단기술의 전파와 철광석 산지여야 한다.

 전북 동부는 제철유적의 핵심 조건들을 빠짐없이 다 갖춘 대규모 철산지였다. 전 세계적으로 철산지는 대부분 나라의 중심이자 경제적인 번영을 누린 지상낙원(地上樂園)으로 알려졌지만, 전북 동부는 여전히 낙후(落後) 혹은 오지(奧地)로만 회자되고 있어 몹시 안타깝다.

 전북 동부는 철광석의 매장량이 무궁무진하다. 백두대간과 금남정맥, 금남호남정맥을 따라 철분의 함유량이 대단히 높은 철광석이 광범위하게 분포되어 있다. 그렇지만 문헌에 거의 초대를 받지 못해 그 존재가 세상에 알려지지 않았고, 지금도 학계에서는 거의 관심을 두지 않는다.

 2015년 철광석에서 뿜어낸 검붉은 녹물이 고고학자와 첫 인연을 맺었다. 전북 동부에 국도 및 지방도를 개설하면서 생긴 절단면과 계곡에 녹물을 뒤집어쓴 철광석이 홀연히 철을 떠올리게 하였다. 남원 공안리 수철리·금새암골·하점골·옥계동, 장수 금곡리·금덕리·대적골·토옥동 등 철 관련 지명과 주민들의 제보도 제철유적을 찾고 알리는데 큰 자양분(滋養分)이었다.

어디서나 철산개발에서 핵심 요소는 첨단기술이다. 모든 용광로(鎔鑛爐)의 내부 온도를 1500° 이상 올려야 철광석이 녹는데, 그 과정이 첨단기술이다. 모든 제철유적에서 첨단기술이 하나로 응축된 곳이 제련로(製鍊爐), 즉 용광로로 제철유적의 핵심 시설이다.

그런데 옛적에 용광로를 만들 때 좋은 흙이 있어야 하는데, 산에서 자라는 산죽(山竹)은 대체로 양질의 흙에서 자생한다. 전북 동부는 천혜의 산죽 군락지로 산죽이 있다는 것은 그 부근에 제철유적이 존재한다는 행운의 시그널(signal)이다. 다행히 전북 동부는 산죽이 군락지를 이룬다.

전북은 경기도, 충청도보다 철기문화의 시작이 훨씬 앞선다. 전북의 철기문화가 육로(陸路)가 아닌 바닷길로 전북에 전래되었음을 말해준다. 전북혁신도시에서 산더미처럼 쌓인 고고학 자료로 검증되었다. 전북과 바닷길로 인연을 맺은 선진세력이 전북을 한반도 철기문화의 발상지(發祥地)로 일구었다.

초기 철기시대 때 전북에 철기문화를 전해 준 두 주인공이 있다. 군산 어청도로 망명한 제나라 전횡과 금강(錦江) 하구 나리포(羅里浦)에 도착한 고조선 마지막 왕 준왕(準王)이다. 선사시대부터 내내 새만금의 해양 네트워크가 거미줄처럼 잘 구축되어, 새만금은 철기문화가 만경강 유역으로 전래되는데 관문이자 들머리였다.

기원전 3세기 경 전북혁신도시 등 만경강 유역을 최첨단과학단지로 일군 선진세력이 한 세기 뒤 철광석을 찾아 전북 동부로 대거 이동한다. 지리산 달궁계곡 마한왕의 달궁 터와 장수군 천천면 남양리 지배자 무덤에 잠든 사람들이 그 주인공이다. 솔직히 철기문화를 전파한 선진세력의 대이동(大移動), 즉 엑소더스가 전북 동부에서 멈추었다.

초기 철기시대부터 전북가야를 거쳐 후백제까지 천년 동안 철산개발로 전북 동부를 고대문화의 용광로로 만들었다. 2023년 세계유산에 그 이름을 당당히 올린 전북가야는 그 존속 기간이 150년 남짓이다. 앞으로도 850년 동안 전북 동부 철기문화의 발전상을 더 풀어야 한다.

전북 동부에 기반은 둔 마한세력이 가야문화를 받아들여 가야 소국으로까지 발전하였다. 전북가야는 마한과 가야의 앙상블이다. 전북가야가 문헌 속 기문가야와 반파가야로 비정되었는데, 매번 한 묶음으로 등장하는 두 나라가 일본 문헌에 등장한다는 이유로 국명(國名)을 부르는 것이 금기시되거나 터부시되었다.

백두대간 품속 기문가야가 동북아를 아우르는 최고급 위세품(威勢品)과 위신재(威信財)를 거의 다 모아 가야고분군이 세계유산에 등재되는데 탁월성과 보편성을 유물로 실증해 주었다. 반파가야의 고총에서는 단야구 세트와 철제품의 정수(精髓)인 말발굽이 나와 당시 철산개발과 철의 가공을 뒷받침해 주었다.

기원전 1500년 전 튀르키예 히타이트에서 철기문화가 처음으로 시작되었다. 히타이트에서 전북 동부까지 이어진 철기문화의 전파 경로가 전북의 아이언 로드(Iron-Road)다. 전북 철기문화를 다룬 문헌이나 이야기가 거의 없이서 고고학자들이 고단한 발품을 팔아야 하였다.

이제 막 전북 동부 제철유적의 역사성을 검증하기 위한 학술 발굴조사도 시작되었다. 장수군 장계면 명덕리 대적골 제철유적에서 가야토기가 나와 전북가야를 철의 왕국으로 각인(刻印)시켰다. 백제와 신라가 전북 동부에 국력을 쏟은 국가 전략도 철과 무관하지 않다. 후백제는 철의 왕국 전북가야와 해양왕국 백제의 융합이다.

인류의 역사 발전에 공헌도가 가장 큰 것이 철이다. 전북 동부는 엄밀히 표현하면 철이다. 전북에서 꽃피운 마한의 요람도 익산 백제도 전북가야의 봉화망도 신라의 관방유적 증축도 통일신라 완산주(完山州)도 후백제 전주 천도(遷都)도 전북 동부 제철유적과 무관하지 않은 것 같다.

천년 동안 전북 동부는 한반도를 아우르는 물물교환(物物交換)의 향연장(饗宴場)으로 당대 풍미한 유물들로 명품 백화점을 연출하였다. 전북 철기문화의 탁월성을 홍보할 전북철박물관의 건립과 아이언 로드 복원도 모색되었으면 한다. 전북 동부 철의 역사성을 검증하기 위한 전북특별자치도와 남원시, 장수군, 무주군의 도전에 큰 박수를 보낸다.

02
전북 동부 아이언로드(Iron-Road)

1) 지리산 달궁계곡 마한왕 엑소더스

 기원전 1500년 경 튀르키예 히타이트에서 철기문화가 처음 시작된다. 히타이트는 철기문화의 본향(本鄕)이다. 소아시아를 무대로 번성하였던 히타이트는 철기문화를 오리엔트 전역에 전파한 뒤 철제 무기와 전차를 이용하여 정복 활동을 펼쳐 바빌로니아 왕국을 멸망시켰다.

 기원전 5세기 동양과 서양을 이어주던 실크로드로 철기문화가 중국에 전래된다. 중국 제나라 전횡(田橫)과 고조선 마지막 왕 준왕에 의해 철기문화가 바닷길로 곧장 만경강 유역에 전파된다. 우리들이 간과하였던 바다와 바닷길에 큰 관심을 가지고 전북 아이언 로드를 복원하여야 한다.

 기원전 206년 진나라가 멸망한 뒤 서쪽 초나라 패왕 항우(項羽)와 한나라 왕 유방(劉邦)의 5년 동안 이어진 전쟁을 초한전쟁(楚漢戰爭)이라고 한다. 그 당시 전쟁 기간 동안 제나라를 이끈 사람이 전횡이다. 그는 진나라 말기의 인물로 형인 전담, 전영과 함께 진나라에 반기를 들고 제나라를 다시 일으켰다. 초한전쟁에서 유방이 천하를 평정하자 전횡은 낙양 부근 또는 칭다오 동쪽 섬에 숨어 살다가 자결하였다고 보는 주장도 있다.

그런가 하면 기원전 202년 전횡은 한나라 유방이 초나라 항우를 물리치고 중국을 통일하자 두 명의 형제, 측근과 병사 500여 명을 거느리고 군산 어청도로 망명해 왔다고 한다. 바다의 동력 쿠로시오 해류가 산동반도와 전북을 운명적인 만남으로 연결해 주었다.

중국 산동반도에 지역적인 기반을 둔 제나라는 춘추 5패이자 전국 7웅 중 최강국으로 달리 동염서철(東鹽西鐵)로 비유된다. 반면에 제나라 전횡 일행이 정착한 전북은 동철서염(東鐵西鹽)으로 상징된다. 1492년 콜럼버스의 신대륙 발견을 뛰어넘는 대사건이 전북으로 전횡의 망명이다.

전북특별자치도 군산시 옥도면 어청도에 치동묘(淄東廟)가 있는데, 여기서 치동은 제나라 도읍 임치(臨淄) 동쪽이라는 뜻이다. 치동묘는 전횡과 그를 따른 군사 500명의 의로운 죽음을 기리기 위해 어청도에 지은 사당이라고 한다. 해마다 음력 섣달 그믐날이면 어청도 주민들이 마을의 안위와 풍어를 위한 제사를 모신다. 군산 어청도 부근 충남 녹도와 외연도에도 전횡 사당이 더 있다. 아직은 전횡의 망명을 검증하기 위한 학술 발굴조사가 시작되지 않았다.

1975년 전북혁신도시 내 농촌진흥청 남쪽 구릉지에 소재한 완주 상림리에서 나온 26점의 중국식 청동칼은 유물의 속성이 제나라 청동칼과 똑같다. 오직 완주 상림리 출토품이 한반도 구리와 주석을 사용하였다는 점에서만 중국 산동반도 출토품과 차이를 보인다. 이것은 전횡 등 제나라 사람들의 망명이 성공하였음을 말해준다.

제나라 전횡 망명 8년 뒤 다시 또 고조선 준왕이 전북과 인연을 맺었다. 기원전 194년 고조선 마지막 왕 준왕이 위만에게 나라를 빼앗긴 후 배를 타고 남쪽으로 내려와 새로운 땅을 찾았는데, 당시에 준왕이 처음 상륙한 곳이 나리포라고 한다.

군산시 나포면 나포리 나리포는 금강 하구 최대 포구로 그 부근에 공주산(公主山)과 어래산성, 도청산성에 준왕의 남래(南來)와 관련된 이야기가 풍부하다. 금강 하구 나리포에 도착한 준왕은 산을 넘어 익산에 가서 나라를 세웠는데, 이때 준왕의 딸이 머물렀던 산을 공주산이라고 불렀고, 준왕이 딸을 데리러 왔다고 하여 공주산 앞쪽 산을 어래산(御來山)이라고 부른다.

당시에 최고의 선진문물인 철기문화가 바닷길로 만경강 유역에 전래되어 전북혁신도시를 한반도 테크노밸리로 이끌었다. 제나라 혹은 고조선을 출발해 바닷길로 전북혁신도시까지 이어진 철기문화의 전파 루트를 전북의 아이언로드(Iron-Road)로 설정하려고 한다. 히타이트에서 전북혁신도시까지 철기문화가 전파되는데 1300년 정도 시간이 걸렸다.

그러다가 전북혁신도시 등 만경강 유역의 선진세력이 한 세기 뒤 운봉고원 내 지리산 달궁계곡 등 전북 동부로 이동한다. 아마도 철을 생산하는 데 반드시 필요한 철광석을 찾아 전북 동부 철광석 산지로 이주한 것 같다. 전북 동부 철광석이 철기문화로 무장한 선진세력을 초대한 것이다. 제나라 혹은 고조선에서 시작된 두 갈래의 목숨을 건 선진집단의 엑소더스가 마침내 전북 동부에서 멈추었다.

초기 철기시대부터 전북가야를 거쳐 후백제까지 천년 동안 철산개발이 전북 동부에서 지속적으로 이루어졌을 개연성이 매우 높다. 우리나라에서 제철유적의 밀집도가 가장 높은 전북 동부는 철기문화가 융성하였던 철산지로서 세간의 이목을 집중시키고 있다. 전북 동부가 철산지였다는 것을 꼭 기억하였으면 한다.

2) 달궁 할머니! 남원장 다녀온 옛길

2015년 국립군산대학교 고고학팀이 지리산 달궁계곡으로 1박 2일로 워크샵을 다녀왔다. 그해 이른 봄 운봉고원에서 제철유적이 처음 발견되어 운봉고원의 철을 워크샵 주제로 삼았다. 흑돼지 참나무 숯불구이 맛집으로 유명한 덕동패션에서 늦은 밤까지 열띤 분위기 속에서 워크샵이 진행되었다.

다음 날 이른 아침 달궁계곡을 찾은 필자는 물 색깔을 보고 소스라치게 놀랐다. 물이 맑기로 유명한 달궁계곡 물 색깔이 황토물처럼 검붉은색을 띠고 있었기 때문이다. 혹시 위쪽에 토목공사 현장이 있는지 여쭈어봐도 전혀 없다는 답변과 함께 극심한 가뭄 때 자주 일어나는 현상이라고 마을 주민들이 설명해 주었다.

필자는 주민들의 설명을 듣고 홀연히 철을 떠올렸

다. 그해 가뭄이 너무 심해 철광석에서 뿜어낸 녹물 혹은 쇳물이 아닌가 싶었다. 곧바로 계곡으로 내려가 꼼꼼히 살펴보니 바위가 뒤집어쓰고 있는 것은 황토물이 아닌 녹물이었다. 지리산 달궁계곡의 철과 첫 인연을 맺는 행복한 순간이었다.

이른 아침이라 그런지 덕동마을을 아무리 둘러봐도 또 다른 사람들의 인기척이 없었다. 여기서 덕동(德洞)은 지리산 달궁계곡에서 가장 큰 마을이라는 뜻이다. 그리하여 마한왕의 달궁 터가 덕동마을 부근으로 본 견해가 널리 통용되었지만, 필자는 백두대간 동쪽 기슭 절골이라는 반론을 제기하였다. 지금도 주차장, 야영장 등 지리산국립공원 관광시설도 덕동마을 부근에 모여 있다.

필자가 숙소로 돌아가다가 우연히 할머니를 만나게 되었다. 할머니는 첫 인상이 자상하고 인자한 모습이었다. 군산에서 온 누구라고 정중하게 인사를 드리고, 혹시 밥이 잘 되냐고 여쭈었다. 곧 구순을 바라보는 할머니는 밥이 잘되지 않아 젊어서부터 너무 힘들었다고 힘든 과거를 회상하였다. 자네는 남자인데 그것을 어떻게 잘 아느냐고 되물었다.

몇 년 전 군산세아제강에 근무하는 김준규 철 전문

가가 철분의 함유량이 강하면 밥이 잘되지 않는다고 들려주었다. 그분은 니켈 철광석이 철광석의 제왕이라고도 설명해 주었다. 지리산 달궁계곡 철의 존재 여부를 다시 확인하려고 할머니께 무례하게 첫 질문을 드린 것이다. 지리산 달궁계곡이 철의 계곡이었다는 역사적 사실을 할머니께서 실증해 준 것이다.

밥 짓는 애환으로 할머니의 환심을 사자 할머니가 이야기 보따리를 주저하지 않고 풀었다. 모든 할머님들이 손주에게 이야기를 들려두듯이 주옥같은 이야기 보따리를 펼쳤다. 어릴 때 부모님을 따라 남원장을 다녀온 할머니의 이야기는 한편의 다큐멘터리 영화처럼 최고의 압권(壓卷)이었다.

새벽 5시 부모님 도움으로 잠에서 일어나 아침밥을 먹는 둥 마는 둥 먹고 부모님을 따라 집을 나선다고 한다. 언양골과 도랑모랭이골, 가정이평전골 골짜기를 따라 오르다가 백두대간 정령치(鄭嶺峙)를 넘었는데, 지리산 달궁계곡을 지키기 위해 정장군이 성을 쌓고 지킨 큰 고갯길이다. 지금도 정령치 서쪽 기슭에는 흙과 돌을 섞어 쌓은 성터 흔적이 뚜렷하게 잘 남아있다.

백두대간 정령치와 만복 사이 고갯마루가 황령치(黃

嶺峙)로 황장군이 마한왕의 명령을 받고 성을 쌓고 지킨 고개이다. 지리산 달궁계곡으로 피난온 마한왕과 관련된 또 다른 지명들이 더 있다. 백두대간 노고단 서북쪽 성삼재로 성이 다른 세 사람들이 지킨 고개라고 한다. 매년 철쭉제로 유명한 바래봉 남쪽 팔랑치(八郎峙)는 여덟 명의 젊은 낭자들이 고개를 지켰다라고 한다. 낭자

백두대간 만복대 서북쪽 기슭에서 발원하는 원천천을 따라 서쪽으로 가다가 운봉고원을 가로지른 뒤 구동치를 넘으면 남원장터에 도착한다. 구동치는 지리산 둘레길 3구간이 통과하는 고갯길로 그 부근에 남원 덕운봉 봉화가 있다. 이 봉화는 백두대간 산줄기를 따라 이어지다가 장수군 장계분지에서 끝나는 운봉봉화로가 시작되는 곳이다.

달궁 할머니는 잠깐 남원장터 구경을 하고 점심을 먹고 나면 바로 집으로 돌아올 준비를 시작하였다고 한다. 다시 구동치와 정령치 두 고개를 넘어 집에 도착하면 어둑 컴컴한 저녁이었다고 한다. 그날 아침 할머니가 들려준 이야기는 지리산 달궁계곡 사람들의 희로애락(喜怒哀樂)을 간직한 서사시(敍事詩)였다.

70여 년 전 할머니가 남원장을 다녀온 길은 달궁계

곡 아이언 로드이다. 2100년 전 마한왕이 전북혁신도시를 출발해 백두대간 정령치를 넘어 달궁계곡으로 피난왔던 길이자 마한부터 후백제까지 달궁계곡에서 생산된 철이 유통되던 철의 길이 아닌가 싶다. 아직은 지리산 달궁계곡을 대상으로 학술 발굴조사가 시작되지 않았지만 할머니의 남원장 다녀온 길을 운봉고원 아이언 로드로 설정해 두고자 한다.

03
지리산 달궁계곡 달궁터와 마한왕

　백두대간 서쪽 금강 최상류에 위치한 장수군 천천면 남양리는 가야 철기문화의 요람지(搖籃地)다. 모든 가야 영역에서 가장 이른 시기의 철기유물이 세형동검과 함께 적석목관묘(積石木棺墓)에서 나왔기 때문이다. 한반도에서 초기 철기시대에 해당하는 기원전 2세기 말이다.

　이 무렵 운봉고원 내 지리산 달궁계곡도 문헌에 등장한다. 기원전 84년 마한왕이 피난길에 올랐는데, 그 일행이 피난지로 삼은 곳이 지리산 달궁계곡이라고 한다. 아직은 문헌의 내용이 장수 남양리처럼 고고학 자료로 검증되지는 않았지만 서로 성격이 다른 두 유적의 조성 시기는 비슷하다.

　조선 선조 때 승려 서산대사는 지리산 벽송사 3대 조사로 10년 동안 지리산에 머물면서 지리산에 구전으로 전하는 이야기를 기록으로 남겼다. 그가 지은 『황령암기(黃嶺庵記)』에 마한왕이 정장군과 황장군에게 지리산 달궁계곡으로 향하는 고갯마루에 성을 쌓고 지키게 하여 그곳을 정령치, 황령치라고 부른다고 기록되어 있다. 마한왕이 71년 동안 지리산 달궁계곡에 머물면서 나라를 다스렸는데, 그가 머문 곳이 달궁터라고 한다.

20여 년 동안 국립군산대학교 고고학팀은 마한왕 달궁터 찾기 프로젝트를 이어오고 있다. 오래전 선학들이 달궁터로 비정한 일대를 아무리 둘러봐도 왕궁을 보호하는 성벽의 흔적이 확인되지 않아 지표조사를 기획하였다. 다행히 덕동펜션 정창조씨의 절골 제보가 달궁터를 찾는 밑거름이 되었다.

백두대간 고리봉과 만복대 사이 산봉우리를 중심으로 남쪽에 황령치, 북쪽에 정령지가 있다. 시리산 딜궁계곡과 남원을 이어주던 옛 고개들이다. 이 두 고갯길 서쪽 기슭에는 돌과 흙을 섞어 쌓은 토석 혼축성과 고리봉 남쪽에 조잡하게 쌓은 석성(石城)이 상당히 잘 남아있다. 모두 다 문헌의 내용을 증명해 주는 보석 같은 고고학 자료들이다.

백두대간 황령치 동쪽 기슭 하단부 절골이 달궁터다. 달궁터는 마치 연꽃 봉우리 모양으로 사방을 성벽으로 둘렀다. 성벽은 삭토법을 적용하여 산자락 외벽을 가파르게 다듬었고, 동벽은 계곡을 가로질러 돌로 쌓았다. 지금도 절골에는 계단식으로 다듬은 평탄지가 군데군데 잘 남아있다.

아직은 지리산 달궁터의 역사성을 고증하기 위한 학술 발굴조사가 시작되지 않았지만 절골 중앙부 넓은 평탄지가 핵심 공간이다. 마한왕의 달궁터가 문을 닫은 뒤 그곳에 절이 들어서 지금은 절골로 불린다. 그리하여 반달모양의 성벽이 절터를 지켜주어 몹시 답답하고 안타까운 마음이 든다.

마한왕 달궁터는 백제 무왕(武王)의 왕궁과 후백제 절터가 서로 중첩(重疊)된 익산 왕궁리 유적과 일맥상통한다. 어떻게 보면 2015년 세계유산에 등재된 제2의 익산 왕궁리 유적이라고 할 수 있다. 공교롭게 반파가야의 추정 왕궁터도 후백제 개안사지(開眼寺址)가 왕궁터 위에 자리한다.

국립군산대학교 고고학팀 주관 운봉고원 지표조사를 통해 40여 개소의 제철유적이 발견되었다. 백두대간 노고단에서 삼봉산까지 그 분포 범위가 30km에 달한다. 삼봉산 동쪽 함양군 마천면 구양리 촉동마을에는 금관가야의 마지막 왕 구형왕(仇衡王)이 체류하면서 무기를 만들었다는 빈대궐터가 있다.

2012년 지리산 달궁계곡에서 제철유적이 그 존재를 세상에 처음 알렸다. 오래 전부터 사람들의 발길이 뚝 끊겨 제철유적을 찾고 알리는데 고고학자들의 끈기와 사투가 요구되었다. 남원시 산내면 덕동리를 중심으로 남쪽 하점골과 서남쪽 봉산골, 서쪽 심원계곡, 북쪽 언양골, 동북쪽 외얏골이 여기에 해당된다.

백두대간 반야봉 서북쪽 하점골 제철유적은 철광석의 채광부터 숯을 가지고 철광석을 환원시켜 철을 추출해 내는 제련과정을 한자리에서 만날 수 있다. 이제 막 문을 연 철의 유적공원을 연상시킬 정도로 제철유적의 보존상태가 거의 완벽에 가까워 대자연의 원시림을 방불케 한다. 10여 년이 지났음에도 불구하고 한 차례의 발굴조사도 이루어지지 않았다.

백두대간 고리봉에서 세걸산을 지나 덕두산까지 이어진 산줄기 양쪽에도 10여 개소의 제철유적이 산재해 있다. 남원시 운봉읍에서 지방도를 따라 정령치 방면으로 가면 선유폭포에 도달하는데, 그 부근에 슬래그(쇠똥)가 광범위하게 흩어져 있다. 남원시 주천면 고기리 제철유적으로 쇠똥의 분포 범위가 1.5km 내외로 운봉고원 제철유적 중 최대 규모를 자랑한다.

세걸산 서쪽 금새암골에도 제철유적이 모여 있다.

운봉읍 공안리 수철리라는 마을 지명도 제철유적에서 유래되었다고 한다. 이 마을 입구 주쇠뜸은 이곳에서 철이 가공되었음을 말해준다. 지명은 그 지역의 역사와 문화를 함축적으로 담고 있는데, 지명으로도 제철유적을 찾았다.

해마다 5월 중순 경 철쭉제로 유명한 바래봉 북쪽 골짜기에 운봉읍 화수리 옥계동(玉溪洞) 제철유적이 있다. 옥계저수지에서 위쪽으로 1km가량 떨어진 평탄지로 사방이 산줄기로 감싸여 천연의 자연분지를 이룬다. 고고학에서 옥은 최고의 권위와 권력을 상징한다. 옥계동의 옥(玉)자에 의미를 두고 도전과 뚝심으로 제철유적을 찾았다.

남원 옥계동 제철유적은 남북으로 약간 긴 장타원형으로 남북 길이 700m, 동서 폭 500m에 달한다. 모두 세 차례의 발굴조사에서 채석장과 파쇄장, 배소지, 제련로, 초대형 슬래그 더미와 숯가마 등이 확인되었고, 유물은 회청색 경질토기편과 자기편, 송풍관편 등이 수습되었다. 전북 동부에서 학계에 보고된 300여 개소의 제철유적 중 대형급에 속한다.

초기 철기시대 때 지리산 달궁계곡으로 피난온 마한왕의 출발지는 어디였을까? 백두대간 정령치, 황령치 서쪽 기슭에서 성벽이 발견되었기 때문에 백두대간 서쪽이 마한왕의 출발지였을 개연성이 높다. 기원전 3세기 철기문화가 바닷길로 곧장 만경강 유역에 전래되어, 전북혁신도시는 한반도 테크노밸리이자 마한의 요람지로 평가를 받는다. 만경강 유역의 선진세력이 한 세기 뒤 철광석을 찾아 지리산 달궁계곡으로 이동하였을 개연성이 가장 높다.

백두대간 동쪽 운봉고원은 마한왕이 전해 준 철기문화로 한반도에서 대규모 철산지를 이루었다. 초기 철기시대부터 전북가야를 거쳐 후백제까지 천년 동안 철기문화가 융성하였던 곳이다. 한반도에서 최초로 철불(鐵佛), 즉 쇠부처님이 만들어진 곳도 운봉고원 내 실상사다.

그러다가 후백제 멸망 5년 뒤 940년, 경남 함양군에서 전북 남원시로 이관되어 전북과 첫 인연을 맺었다. 고려 왕조가 운봉고원 철산지의 통제를 한층 더 강화하기 위한 정치적 목적이 아니었던가 싶다. 지리산 달궁계곡 달궁터와 마한왕은 운봉고원 철기문화의 심장이자 타임캡슐이다. 지리산 달궁터의 역사성을 검증하기 위한 학술 발굴조사가 절실하다.

04
동북아 문물교류 허브, 기문가야

1) 마한문화를 전해 준 마한왕과 몰무덤

 이제까지의 지표조사를 통해 운봉고원에서 발견된 말무덤과 가야 중대형 고총은 180여 기에 달한다. 현지 주민들이 부르는 말무덤은 말이 마(馬)의 뜻으로 보고, 말은 머리 혹은 크다는 뜻으로 우두머리에게 붙여진 관형사로 파악하여 그 피장자는 마한의 지배층으로 밝혀졌다.

 흔히 말벌을 왕벌, 말매미를 왕매미, 말사슴을 왕사슴으로 부르는 것과 똑같다. 섬진강 유역에 속한 남원 입암리 말무덤 발굴조사에서 마한의 분구묘(墳丘墓)로 밝혀진 말무덤이 운봉고원 내 운봉읍 장교리에서만 발견되었다. 이곳은 운봉고원에서 마한의 정치 중심지였다.

 남원시 운봉읍 장교리 연동마을 부근 산자락 정상부에 봉분의 직경이 10m 내외되는 7기 내외의 말무덤이 있었는데, 오래전 농경지 개간으로 대부분 없어졌고, 지금은 유구가 심하게 훼손된 3기만 남아있다. 여기서 서북쪽으로 300m 떨어진 장교리 연동마을 입구에도 한 기의 말무덤이 더 있다. 아직도 말무덤을 대상으로 발굴조사가 이루어지지 않아 그 역사성이 검증되지 않았지만 운봉고원의 기문가야가 등장하기 이전 마한의 분구묘로 추정된다.

남원읍지 『용성지(龍城誌)』 고적조에는

황령과 정령은 둘 다 지리산 기슭 입세에 있으며, 몹시 가파르고 험하여 소나 말이 다닐 수 없는 곳인데, 거기서 서쪽으로 남원부까지는 50리 쯤 된다. 옛 승려 청허당의 황령기에는 "옛날 한 소제 즉위 3년에 마한의 임금이 진한의 난을 피하여 이곳에 와서 도성을 쌓았는데, 당시 황·정 두 장수로 하여금 그 일을 감독하고 고개를 지키게 하여 두 사람의 성으로 고개 이름을 삼았다. 그 도성을 유지한 것이 71년이었다."고 하였다. 지금도 무너진 성과 허물어진 벽이 남아 있으며, 그 도성이었다는 곳을 세상에서는 달궁터라고 전한다. 두 고개 안에 있는 골짜기가 이전에는 남원 땅이었으나 지금은 운봉에 속한다.

라고 기록되어 있다. 지리산 달궁계곡 절골에서 마한왕의 추정 왕궁터가 발견되었다. 마한왕이 운봉고원에 마한문화와 철기문화를 함께 전해 주었다. 기원전 84년부터 71년 동안 국력을 다진 마한왕이 백두대간 정령치를 넘어 남원시 운봉읍 장교리 일대로 이동하였을 것으로 추측된다.

운봉고원의 토착 세력 집단인 마한 세력이 가야문화를 받아들이기 이전까지 중심지가 운봉읍 장교리 일대였음을 알 수 있다. 남원 행정리 등 이른 시기의 가야 고분군도 운봉읍 일원에 산재해 있다. 마한의 말무덤과 가야 고총의 분포 양상을 근거로 운봉고원의 중심지가 운봉읍에서 아영분지로 옮겨진 것으로 추정된다. 백제의 중앙과 영남 서부지역을 곧장 이어주던 백두대간 치재로가 남원 월산리·청계리·유곡리·두락리 일대를 통과하였기 때문이다.

운봉고원의 중심지가 운봉읍 장교리 일대에 있었을 동안 백두대간 여원치가 섬진강 유역과 서로 왕래하는데 큰 관문이었다. 운봉고원 서쪽 섬진강 유역에서 말무덤은 입암리·방산리·도룡리, 순창 고원리, 전남 곡성 주산리에서 확인되었다. 모두 다 섬진강 중류에 위치한다.

섬진강 유역 말무덤은 대체로 구릉지 혹은 평탄지에 입지를 두었는데 모두 7기 내외의 기수에서 일시에 자취를 감춘다. 본래 40여 기의 말무덤이 섬진강 중류 지역에만 있었던 것으로 밝혀졌고, 섬진강 상·하류 지역에서는 말무덤이 발견되지 않았다. 말무덤이 자취를 감춘 이후에는 수장층(首長層)과 관련된 어떤 종류의 분묘유적도 섬진강 유역에서 더 이상 만들어지지 않았다.

그런가 하면 입암리 말무덤은 분구의 주변에 도랑을 두른 분구묘로 파악되었다. 봉분은 명갈색과 암갈색 진흙으로 쌓았으며, 유구의 남쪽이 이미 유실되어 그 평면 형태가 파악되지 않았다. 주구(周溝)는 생토층을 U자형으로 파내어 마련되었는데, 분구 내에서 1기의 토광묘(土壙墓)가 조사되었다.

1998년 분구 내 토광묘에서 단경호와 광구 장경호가 발견 매장 문화재로 신고되었고, 그 부근에서 철기류가 더 나왔다. 유구와 유물의 속성을 통해 입암리 말무덤은 5세기를 전후한 시기에 조성된 마한의 분구묘로 밝혀졌다. 마한의 분구묘를 근거로 섬진강 유역으로 백제의 진출이 5세기 이전 근초고왕(近肖古王)의 남정(南征) 때 이루어졌을 개연성이 높은 것으로 추측된다.

그러다가 5세기를 전후하여 운봉고원에서 가야세력의 등장과 함께 정치적인 중심지가 운봉읍에서 아영분지로 이동한다. 본래 운봉읍 장교리에 있었던 정치적인 중심지가 아영분지로 옮겨진 것은 운봉고원으로 백제의 진출이 중요한 빌미로 작용하였다.

2) 운봉고원 철산지, 곡나철산 아닐까?

백제왕이 왜왕 지(旨)에게 내려준 쇠로 만든 칼이다. 곧은 칼의 몸 양쪽에 나뭇가지 모양의 칼이 각각 세 개씩 달려 있어 모두 일곱 개의 칼날을 이루고 있다. 칼의 모양이 일곱 가지를 닮아 칠지도(七支刀)라고 부른다. 여기서 도(刀)는 한쪽에 날을 세운 것을 말하고, 양쪽에 두면 검(劍)이라고 한다.

문헌의 핵심 내용은, 372년 근초고왕이 곡나철산(谷那鐵山)에서 생산된 철을 가지고 칼, 거울 등 여러 가지 귀한 보물을 만들어 왜의 조정에 보냈다는 것이다. 그해는 근초고왕의 남정과 가야 7국을 평정한 3년 뒤이다. 백제가 육로로 가야 7국을 평정하였다면 운봉고원을 경유하던 옛길을 이용하였을 개연성이 높다.

일제 강점기부터 지명의 음상사에 근거를 두고 곡나의 위치 비정 연구가 시작되었다. 곡나철산의 위치 비정과 관련해서는 황해도 곡산설·안협설, 여주설, 충주설, 보은설 등이 있는데, 지명의 음상사에 근거를 두고 황해도 곡산설이 큰 지지를 받았다.

2012년 섬진강 유역에 속한 전남 곡성설이 발표된 뒤 역사학계의 적지 않은 반향을 불러일으켰다. 아쉽게도 전남 곡성군 일원에서는, 아직도 제철유적의 존재가 발견되지 않아, 문헌의 핵심 내용이 고고학 자료로 입증되지 않고 있다. 엄연히 곡나철산의 위치 비정은 역사고고학의 범주에 속한다.

그럼에도 불구하고 전남 곡성군 고달면 대사리 일대는, 운봉고원에서 생산된 철이 한데 모이던 곳으로, 섬진강 중류에서 최대의 거점 포구로 추정된다. 이제까지는 지명의 음상사에 철산지를 서로 연결시켜 그 위치를 비정하였기 때문에 문헌의 내용을 충족시켜 주지 못하였다.

당시 백제 도읍 한성에서 7일을 가도 도달하지 못하고 강(江)의 발원지를 거느리고 있다는 두 가지의 문헌 내용도 꼭 검토되어야 한다. 문헌의 두 가지 조건을 모두 충족시켜 주는 곳이 백두대간 산줄기 동쪽 운봉고원이다. 운봉고원이 문헌의 핵심 조건을 대부분 만족시켰다.

조선시대 이몽룡이 남원에 암행어사로 출도할 때 서울에서 남원까지 7일이 소요되었고, 태조 이성계의 초상화를 한성(漢城)에서 전주 경기전(慶基殿)까지 이송하는데 6일이 걸렸다. 그리고 전주에서 남원까지는 하루를 더 가야 하며, 남원에서 운봉고원은 반나절 거리이다.

운봉고원은 또한 남강과 섬진강을 함께 거느린다. 백두대간 봉화산과 세걸산에서 각각 발원하는 풍천과 광천은 남원시 산내면 소재지에서 지리산 뱀사골을 지나온 만수천과 만난다. 여기서부터 수량이 풍부하고 그 폭도 넓어져 임천강으로 불리는데, 임천강은 줄곧 남동쪽으로 흘러 산청군 생초면에서 남강 본류와 만난다.

그런가 하면 백두대간 만복대 북쪽 기슭에서 시작하는 원천천은 운봉고원 서남쪽을 적시고 구룡폭포를 지나 계속해서 서북쪽으로 흘러 남원 광한루 부근에서 요천으로 흘러든다. 운봉고원 내 남원시 주천면 고기리·덕치리 일대가 섬진강 유역에 속한다.

곡나철산은 강의 발원지와 한성에서 7일 가도 이

르지 못하는 먼 거리에 위치한다. 문헌의 두 가지 핵심 요소를 빠짐없이 다 충족시켜 준 곳이 운봉고원이다. 여기서 그치지 않고 운봉고원이 니켈 철광석 산지라는 사실이다. 철 전문가에 의하면 철에 니켈을 많이 넣으면 스테인리스가 된다고 한다. 그만큼 오늘날도 니켈 철은 구하기 어려울 정도로 최상급 철로 통한다.

곡나철산에서 곡(谷)자는 골짜기를 의미한다. 운봉고원에서 그 존재를 드러낸 40여 개소의 제철유적은 모두 다 골짜기에 자리한다. 이를 사자성어(四字成語)로 표현하면 곡나철산이다. 남원시 운봉읍 화수리 옥계동 제철유적에서 운봉고원 철기문화의 등장 시기와 설치 주체를 밝히기 위해 처음 시작된 학술 발굴조사가 더 추진되었으면 한다.

백제 근초고왕 남정 때 백제의 중앙과 가야를 이어주던 한성기 백제의 중심이 되는 옛길이 백두대간 치재를 통과하면서 당시에 치재가 운봉고원의 관문으로 그 몫을 담당하였다. 운봉고원은 대규모 철산지로서 사통팔달하였던 교역망의 허브이자 십자로였다.

3) 기문가야, 마한과 가야의 앙상블

2010년 이후 고고학계의 이목이 온통 철산지 운봉고원으로 쏠렸다. 백두대간 동쪽 운봉고원에 위치한 남원 월산리 M5호분에서 중국제 청자인 계수호(鷄首壺)가 그 존재를 드러냈기 때문이다. 계수호는 중국 양나라에서 만들어진 당대 최고의 위세품(威勢品)이다.

 백제왕의 주요 하사품(下賜品)으로 알려진 최상급 위세품의 하나로 종전에 공주 수촌리, 천안 용정리, 서산 부장리 등 백제의 영역에서만 나왔다. 가야 영역에서는 전북 동부에서 최초로 출토되었다. 신라의 천마총과 황남대총 출토품과 흡사한 철제초두를 비롯하여 금제 이식, 갑옷과 투구, 경갑, 기꽂이, 다양한 구슬류 등 가야의 위신재도 상당수 포함되어 있었다.

 2013년 남원 유곡리·두락리 32호분에서는 공주 무령왕릉(武寧王陵) 출토품과 흡사한 수대경과 금동식리(金銅飾履)가 출토되었다. 중국 남조에서 만들어진 수대경은 무령왕릉 출토품보다 앞서는 것으로 가야와 중국 남조와의 국제외교가 이루어졌음을 암시해 주었다. 운봉고원의 가야 고총에서 나온 금동식리와 수대경, 계수호, 철제초두는 가야의 영역에서 한 점씩만 나온 위세품의 걸작이다.

 더욱이 계수호는 생활용품이 아닌 부장용품이기 때

문에 백제왕의 하사품보다 오히려 운봉고원의 기문가야가 중국 남제(南齊)에서 직접 구입하였을 가능성이 높다는 주장이 발표되어 적지 않은 반향을 불러일으켰다. 중국에서도 계수호는 위세품의 정수로 통한다.

금동식리는 백제와 운봉고원 철의 생산과 유통이 담긴 물물 교역, 즉 현물 경제의 증거물로 운봉고원을 중요시하였으며, 가야 소국으로까지 발전하였던 세력을 운봉고원 가야 정치체를 기문가야로 부르고자 한다. 기문가야가 그 실체를 처음 세상에 알린 것은 1982년이다.

그해 광주와 대구를 잇는 88고속도로 공사 구역에 포함된 가야의 고총에 대한 발굴조사가 이루어졌다. 백제의 대형고분이라는 고고학자들의 예상과 달리 그 조영 주체가 가야로 하나씩 밝혀지면서 비상한 관심을 끌었다. 그해 발굴조사가 처음 시작되기 이전까지만 해도 전북 동부는 모두 백제 문화권에 속한 곳으로만 인식되었기 때문이다. 운봉고원에 지역적인 기반을 둔 기문가야의 존재를 처음 세상에 알린 역사적인 명소가 남원 월산리 고분군이다.

1980년대 초까지만 해도 남원 월산리에는 봉분의 직경이 20m 내외되는 10여 기의 가야 중대형 고총들이 모여 있었다. 1990년대 농지 정리 사업으로 3기의 고총이 모두 없어졌지만 모두 두 차례의 발굴조사를 통해 분묘유적의 전모가 파악되었다.

지금은 남원 월산리 M5호분의 매장 시설 내부가 드러난 상태로 M6호분은 원형의 봉분이 정비 복원된 뒤 전북특별자치도 기념물로 지정되었다. 2018년 남원 월산리 서쪽 일대를 반달모양으로 감싼 산줄기 정상부에서 가야 중대형 고총이 더 산재된 것으로 밝혀져 그 위상을 더욱 높였다.

1500년 전 기문가야의 지배자가 죽자, 돌로 매장 시설을 만들었는데, 남원 월산리 M5호분은 길이 960cm로 다른 지역의 가야 고총들보다 그 규모가 크다. 가야 고총에서 매장 시설의 규모가 큰 것은 무덤의 피장자가 죽어서도 살아생전의 권위와 권력을 그대로 누릴 것이라 믿었던 계세사상(繼世思想)이 유행하였기 때문이다.

그 당시에는 현실 세계에서 누렸던 삶이 사후 세계에서도 그대로 이어진다고 믿었던 가야 사람들의 삶과 죽음에 대한 인식 때문이다. 봉분의 직경과 매장 시설의 크기는 가야세력의 국력을 상징하는 척도로 운봉고원 기문가야의 발전상을 뒷받침해 주는 유일무

이한 고고학 자료이다.

남원 월산리는 마한의 분구묘처럼 구릉지에 고총이 자리하고 있으며, 봉분의 중앙부에 자리한 매장 시설도 반지하식으로 마한 묘제와의 연관성이 상당히 높다. 가야 고총의 묘제가 마한 분구묘에서 승계되었음을 가정해 볼 수 있는데, 기원전 84년 지리산 달궁계곡으로 마한왕의 피난과 무관하지 않다. 남원 유곡리·두락리고분군에서도 봉분을 두른 도랑과 말뼈가 봉분에서 수습되어 마한 묘제의 지속성이 다시 확인되었다.

4) 핵심 분묘유적, 남원 유곡리와 두락리

백두대간 봉화산 남쪽 기슭에서 시작하는 풍천은 아영분지 중심부를 종단하면서 남쪽으로 흐르다가 인월면 인월리 풍천교에서 광천과 만난다. 아영분지 내 풍천을 사이에 두고 아영면 월산리에서 동쪽으로 1.5km 떨어진 산줄기에 인월면 유곡리와 아영면 두락리가 있는데, 이곳에도 40여 기의 가야 고총이 옹기종기 모여 있다.

전북과 경남 행정 경계를 이룬 연비산에서 아영분지

한복판까지 뻗은 산줄기와 다시 북쪽으로 갈라진 산자락에 봉분의 직경이 30m 이상 되는 가야 고총이 그 위용을 자랑한다. 전북 동부 가야계 분묘유적 중 봉분의 규모가 최대 규모로 참 가야고분군을 실견할 수 있는 곳이다.

운봉고원 내 아영분지를 동서로 가로지르는 산줄기 양쪽에 가야의 중대형 고총이 반절씩 골고루 자리하여 남원 유곡리·두락리고분군이라고 유적의 이름을 붙였다. 고고학자들이 유적의 이름을 지을 때 남쪽에서 북쪽으로 가면서 짓는다. 앞으로 남원 연비산(鳶飛山) 고분군으로 유적의 이름을 고치는 것도 검토되었으면 한다.

1500년 동안 관리의 손길이 미치지 않아 봉분에 소나무 등 잡목이 숲을 이루고 있지만 봉분의 직경 30m 이상 되는 가야 고총도 포함되어, 기문가야의 발전상도 대변한다. 그리고 가야 고총이 한 곳에 40여 기 이상 모여 있기 때문에 기문가야가 상당 기간 동안 존속하였음을 뒷받침한다.

남원 유곡리·두락리 가야 고총은 그 입지에서 남원 월산리와 뚜렷한 차이를 보였다. 운봉고원 기문가야의 수장층 고분군이 남원 월산리에서 남원 유곡리·

두락리로 옮겨진 이후 대가야 등 가야 소국들과 결속력이 한층 강화되었음을 알 수 있다. 가야 고총이 사방에서 한눈에 보이는 산줄기 정상부에 자리한 것은 봉분을 산봉우리처럼 훨씬 크게 보이게 함으로써 피장자의 권위를 극대화하려는 정치적인 목적 때문이다.

고구려와 신라의 왕릉은 평지에, 백제는 남쪽 기슭에 왕릉을 조성한 것과 확연히 다르다. 삼국과 구별되는 가야만의 독자적인 장례 문화를 가지고 있었다는 고고학적 증거이다. 전북 동부 가야계 핵심 분묘유적은 가야 고총이 모두 산줄기 정상부에 터를 잡았다.

기문가야는 세 가지 속성에서 강한 지역성을 보였다. 하나는 봉분의 중앙부에 하나의 매장 시설만 안치한 단곽식(單槨式)이고, 다른 하나는 봉분 가장자리에 호석시설을 두르지 않고 주구(周溝)를 둘렀고, 또 다른 하나는 매장 시설이 지상식 혹은 반지하식이라는 점이다.

여기서 그치지 않고 개석(蓋石) 혹은 벽석 사이에 진흙 바름, 벽석의 축조 방법, 바닥 시설, 장축 방향 등 유구의 속성에서도 서로 긴밀한 공통성을 보였다. 그렇다면 마한 묘제의 전통성 및 보수성이 기문가야까지 지속됨으로써 전북 동부의 가야 묘제가 마한의 분구묘에서 비롯되었음이 또다시 입증되었다.

남원 월산리·유곡리·두락리를 중심으로 한 함양 백천리·상백리, 산청 중촌리·생초, 장수 삼봉리·동촌리 가야 고총들은 봉분의 가장자리에 호석 시설을 갖추지 않았다. 금강 최상류에 위치한 삼봉리·동촌리를 제외하면, 다른 고총군은 모두 남강 유역에 위치하여 하나의 분포권을 형성한다.

그렇다면 운봉고원을 중심으로 한 경남 함양군과 산청군 일대에 서로 동일한 생활권 혹은 문화권을 형성하였던 가야 소국들이 있었을 것으로 추정된다. 문헌에도 기문국이 상·중·하기문으로 구성되어 있다고 기록되어 있고, 기문국의 영역이 사방 삼백 리 정도 된다는 문헌의 내용과도 거의 일치한다.

임나국이 상주하여 말하였다. "신국의 동북에 삼파문(上巴汶·中巴汶·下巴汶)의 땅이 있는데 사방 삼백 리 정도 됩니다. 토지와 인민이 넉넉하고 풍요로우나 신라국과 다투어 서로 다스리지 못하고 전쟁만 서로 계속하여 백성이 살기에 어렵습니다."(『신찬성씨록』 좌경황별하 길전연조).

위의 사료는 기문국의 공간적인 범위를 설정하는 데 결정적인 기준이 된다. 일단 기문국은 신라와 잦은 전쟁으로 서로 다스리지 못한 곳에 자리하고 있다. 따라서 기문국의 위치를 비정하기 위해서는 신라의 영향력이 서쪽으로 어디까지 미쳤는가를 검토해야 한다.

백제와 신라의 국경선을 알려주는 신라토기인 단각고배(短脚高杯)는 전북 동부에서 진안고원과 운봉고원에서만 출토되었다. 단각고배보다 그 시기가 앞서는 신라토기가 운봉고원에서는 나오지 않았지만, 진안고원에 속한 전북 무주군·진안군에서는 다양한 기종의 신라토기가 상당량 출토되었다.

가야와 신라의 잦은 전쟁 때문에 백성들이 살기 어려운 곳은 어디였을까? 전북 동부로 신라의 진출은 두 갈래로 이루어졌다. 하나는 대구, 성주를 거쳐 백두대간 덕산재를 넘어 무주군 방면으로, 다른 하나는 창녕과 합천, 함양을 경유하여 운봉고원 일대로 곧장 나아가는 루트이다.

무주 대차리는 5세기 말엽 신라의 진출이 확인되었지만, 가야토기는 나오지 않았다. 전북 동부에서 가야토기와 신라토기가 함께 존재하는 곳이 운봉고원이다. 기문국의 위치 비정과 관련하여 문헌의 내용을 고고학 자료로 충족시켜 주는 곳은 운봉고원이 유일하다.

합천 봉계리 등 고령 지산동 서쪽에서 가야의 고총은 대가야 양식 토기가 주종을 이루는 단계에 접어들면 가야의 고총이 자취를 감추든지 그 규모가 축소되는 경향을 보였다. 대가야가 그 주변으로 영향력을 확대하는 과정에 가야 정치체가 대가야에 복속되었음을 유추해 볼 수 있다.

그러나 운봉고원 내 남원 유곡리·두락리고분군만 유일하게 봉분의 규모와 매장 시설이 그 이전 시기의 발전 속도를 멈추지 않고 더욱 커졌다. 아울러 가야의 고총에서 최초로 그 존재를 드러낸 철제초두와 차양이 달린 복발형 투구 등 철기류가 운봉고원에서 제작된 것으로 밝혀졌다. 기문가야는 철광석을 녹여 철을 생산하던 제련 기술뿐만 아니라 무쇠를 두드려 철제품을 생산하던 가공 기술까지 하나로 응축된 철의 테크노밸리였다.

5) 동북아를 아우르는 위세품 보고

운봉고원 내 가야 고총에서 유일하게 나온 금동식리

와 수대경은 기문가야의 자율적이고 수평적인 교류관계를 뒷받침해 주는 위세품이다. 남원 유곡리·두락리 32호분 주석곽(主石槨) 서쪽에서 나온 금동식리는 피장자의 발 부근에서 금동식리편·금동못·영락·영락고리가 수습되었다.

금동식리는 몸통부에 타출기법으로 능형문과 영락이 장식되어, 공주 무령왕릉과 나주 신촌리 9호분, 익산 입점리 1호분 출토품과 속성이 흡사하다. 종래에 금동식리가 나온 고분은 대부분 왕릉 혹은 백제 왕후제와 관련하여 최고의 권력자 또는 지방 거점 세력의 수장층 무덤으로 비정되었다. 모든 가야의 영역에서 금동식리가 기문가야에서 나왔다.

남원 유곡리·두락리 32호분 주석곽 동쪽에 부장된 수대경은 피장자의 머리 부분에서 배면이 위로 향하도록 부장되어 있었는데, 전면에서는 주칠흔이, 경면에서는 주칠흔·포흔·수피흔·목질흔 등이 확인되었다. 전면에 새겨 놓은 '의자손(宜子孫)' 명문 등 청동거울의 속성이 무령왕릉에서 나온 수대경과 거의 흡사하다. 그리고 일본 군마현 관음산(觀音山)과 사가현 삼상산하(三上山下) 고분에서 나온 수대경과도 유물의 속성이 상통한다.

동북아 수대경의 속성과 출토 양상을 근거로 기문가야가 당시 동북아 문물 교류의 허브였음이 입증된 것이다. 여기서 그치지 않고 남원 월산리 M5호분에서 중국제 계수호가 출토되어, 5세기 후엽 이른 시기 철 생산과 유통으로 국력을 키운 기문가야가 남제(南齊)와의 자주적인 국제외교도 유추해 볼 수 있다.

479년 가라왕 하지가 고령을 출발해 섬진강 루트를 거쳐 하동 다사진(多沙津)에서 바닷길로 남제와 국제외교를 펼쳤다는 견해가 널리 통용되고 있다. 그럼에도 불구하고 그 시기의 중국제 유물이 고령 지산동에서 출토되지 않았지만, 운봉고원에서는 그 시기의 계수호, 수대경 등의 남조 유물이 나왔다.

그렇다고 한다면 동진강 하구의 국제 교역항 가야포(加耶浦)를 출발하는 바닷길로 가야가야가 남제와의 자주적인 국제외교를 한 사실도 배제할 수 없다. 이 경로는 거리상으로 가장 가깝고 옛길의 필수 조건인 경제성과 신속성, 안정성도 두루 갖추고 있다. 동시에 남해안, 서해안의 바닷길을 경유하지 않고 바로 중국의 목적지를 향해 출발할 수 있다는 지정학적인 이점도 빼놓을 수 없다.

운봉고원 기문가야의 수장층 분묘유적에서 나온 장

신구류는 그 종류가 다양하고 유물의 양도 풍부하다. 금제 이식은 남원 월산리 M4·M6호분에서 출토되었고, M4호분에서는 2점의 유리 곡옥과 유리 옥·관옥·환옥이, M6호분에서는 금제 이식 부근에서 환옥이 수습되었다. 기문가야의 풍요로움을 다양한 장신구류로 수놓았다.

반면에 M5호분에서는 중국제 청자인 계수호와 철제 초두를 중심으로 마구류(馬具類)와 무구류(武具類), 농공구류(農工具類)가 다량으로 출토되었는데, 장신구류(裝身具類)는 금제 이식과 유리 옥만 나왔다. 여기서 마구류는 말을 타거나 부리는데 쓰는 기구를 통틀어 사용하는 말이고, 무구류는 전쟁에서 쓰는 여러 가지 도구를 모두 합하여 이르는 용어이다.

남원 월산리 가야 고총에서 나온 유물을 근거로 M5호분은 남성, M4호분과 M6호분은 여성의 무덤으로 추정된다. 좀 더 구체적으로 M4호분과 M6호분에서는 마구류와 무구류가 나오지 않았다. 일제 강점기부터 시작된 극심한 도굴로 장신구류의 부장 방법을 상세하게 살필 수 없지만 그 종류가 다양하고 유물의 양이 많다는 점에서 기문가야의 발전상을 실증한다.

남원 유곡리·두락리 15호분에서 나온 은제 경식과

은제 구슬, 유리구슬, 탄목구슬에서 무령왕릉 출토품과의 친연성도 흥미롭다. 운봉고원 기문가야의 고총에서 무령왕릉 출토품과 흡사한 백제계 유물이 상당량 나왔기 때문에 백제 웅진기 이른 시기부터 백제의 정치적 영향력이 운봉고원에 강하게 미쳤음을 상정해 볼 수 있다.

운봉고원을 통과하던 백두대간 치재로를 따라 백제가 가야 지역으로 본격 진출하였을 것으로 점쳐진다. 백두대간 치재로는 백제의 중앙과 경남 서부지역을 최단 거리로 이어주던 삼국시대 문물 교류의 고속도로이자 대동맥이었던 것이다. 동시에 기문가야에서 만들어진 니켈이 함유된 양질의 철도 백두대간의 치재로를 따라 널리 유통되었을 것으로 추측된다.

6) 백제의 진출과 기문가야의 복속

운봉고원 내 가야 고총은 매장 시설의 내부 구조가 수혈식(竪穴式)에서 횡혈식(橫穴式)으로 바뀐다. 남원 유곡리·두락리 36호분은 매장 시설이 횡혈식 석실분으로 남쪽 산기슭 하단부에 위치한다. 이 무덤의 위치도 가야보다 오히려 백제 무덤의 특징이 강하다.

봉분은 그 평면 형태가 남북으로 약간 긴 장타원형으로 길이 20.8m이며, 봉분의 가장자리에는 호석 시설을 두르지 않았다. 석실은 장방형으로 남북 길이 300cm, 동서 폭 240cm, 높이 280cm로 봉분 중앙에 마련되었다. 석실은 하단부가 거의 수직에 가깝고 그 위로 올라가면서 네 벽석을 같은 비율로 좁혀 1매의 개석으로 덮어 궁륭상천정(穹隆狀天井)을 이룬다. 석실 바닥에는 한 매의 판상석을 놓았고 벽면과 천정, 관대 시설에는 회를 두텁게 발랐다.

연도는 석실 서벽이 직선으로 이어져 연도의 서벽을 이루고 있으며, 석실에서 시작된 배수 시설이 연도부를 통과하고 석실 입구에 돌로 만든 문짝인 문비석(門扉石)이 남아있다. 연도부의 길이가 상당히 긴 것은 수혈식에서 횡혈식으로 넘어가는 과도기적인 단계의 특징이다.

연도의 위치와 길이를 제외하면 유구의 속성은 대체로 공주 송산리 3호분, 나주 송제리 고분과 흡사하다. 이는 가야의 중대형 고총의 내부 구조가 백제의 영향력이 더욱 강화되면서 6세기 전반기 이른 시기에는 수혈식에서 횡혈식으로 바뀌었다. 남원 유곡리·두락리고분군 내 가야 고총의 내부 구조가 수혈식에서 횡혈식으로 바뀐 것은 기문가야가 백제에 복속되었음을 말해준다. 그리하여 남원 유곡리·두락리에서는 더 이상 가야 고총이 만들어지지 않았다.

남원 임리에서도 백제 묘제가 거듭하여 다시 확인되었다. 백두대간 고남산(古南山)에서 남동쪽으로 뻗은 산줄기 정상부에 입지를 둔 임리 1호분은 봉분의 중앙부에 주석곽이 자리하고 그 동북쪽에 2기의 순장곽(殉葬槨)이 배치된 다곽식(多槨式)이다. 주석곽은 산줄기와 평행되게 남북으로 장축 방향을 두었으며, 출입구는 남쪽에 마련된 횡구식(橫口式)이다.

주석곽의 내부 구조가 수혈식에서 횡구식으로 바뀌었고, 유구의 장축 방향도 백제 묘제의 영향이 확인되었다. 백두대간 산줄기 동쪽 모든 가야의 영역에서 백제 묘제가 가장 일찍 수용된 곳이 운봉고원이다. 기문가야는 백제의 선진문물이 가야로 전파되는데 큰 대문 역할을 담당하였다.

문헌에 백제는 512년 임나사현(任那四縣), 513년부터 515년까지 3년 동안 기문, 대사를 두고 가야 소국 반파가야와 갈등 관계에 빠진다. 백제 무령왕(武寧王)은 가야 소국 반파가야와 3년 전쟁에서 승리를 거두어 운봉고원 기문가야를 복속시켰다.

운봉고원 일대가 6세기 전반 이른 시기 백제 무령왕 때 백제에 정치적으로 편입됨으로써 기문가야가 521년 이후부터 더 이상 문헌에 등장하지 않는다. 그러다가 554년 충북 옥천 관산성(管山城) 전투에서 신라에 패배함에 따라 백제는 운봉고원의 주도권을 일시에 상실한다. 운봉고원의 주도권이 백제에서 신라로 바뀐 것이다.

남원 유곡리·두락리 36호분, 아영면 봉대리 2호분에서 나온 신라의 단각고배가 6세기 중엽 경 운봉고원 일대가 신라의 영향권으로 편입되었음을 유물로 알렸다. 진안고원 내 금산 장대리, 진안 삼락리 승금 유적에서 신라의 단각고배가 더 나왔다.

단각고배는 몸통과 다리의 비율이 3:1 정도로 무령왕릉의 연대(523~529)보다 늦고 대가야의 멸망 전에 이미 발생한 것으로 알려져 있다. 562년 대가야를 중심으로 한 가야 소국들이 신라에 멸망함으로써 드디어 백두대간에서 백제와 신라의 국경이 형성되었다.

기문가야, 반파가야 등 전북 동부에 기반을 둔 가야의 소국들이 백제에 정치적으로 복속됨에 따라 동북아에서 획기적인 변화가 일어난다. 전북 동부에서 300여 개소의 제철 유적을 남긴 철의 장인 집단이 바다를 건너 일본으로 대거 이동하였을 것으로 추측된다.

일본에서 철 생산이 전북가야 등 한반도 철 도래인(渡來人)들의 이동 시기와 거의 일치하고 운봉고원의 차양이 달린 복발형 투구, 역자형 비대칭 철촉 등 철기 유물이 일본에서 상당수 나왔고, 일본에서 니켈이 함유된 철기류가 상당수 나와 이를 다시 방증해 준다.

운봉고원에서 중국제 계수호와 수대경, 왜계 나무빗[수즐(豎櫛)] 등 출토품을 통해 동북아 문물 교류의 허브였음을 말해준다. 중국의 선진문물이 한반도를 경유하여 일본열도(日本列島)에 전파되는데 운봉고원이 교량 역할을 담당하였을 것으로 추정된다.

운봉고원에서 그 존재를 드러낸 제철유적의 역사성을 검증하기 위한 발굴조사가 절실한 대목이다. 동북아를 아우르는 위세품 및 위신재가 쏟아진 운봉고원은 중국에서 출발해 일본열도까지 이어진 동북아 아이언로드 복원의 열쇠를 쥔 블랙박스와 같은 곳이다.

7) 전북가야, 본래 나라 이름 찾았다

가야사 국정과제 추진을 위해 만든 신조어(新造語)가

전북가야다. 전북 동부에서만 발견된 가야 봉화망에 그 근거를 두었다. 전북 남원시와 완주군·진안군·무주군·장수군·임실군·순창군, 충남 금산군이 여기에 해당된다. 다시 또 전북가야의 용어에는 국정과제에 국민들을 초대하기 위한 대중적이고 홍보적인 의미만 담겼음을 밝힌다.

우리나라 전통지리학의 지침서가 『산경표』다. 이 책에 실린 백두대간은 전북가야의 보금자리였다. 한반도의 척추이자 자연생태계의 보고로 많은 사랑을 받았지만 전북가야의 품속이자 터전이었다. 백두대간 양쪽 운봉고원과 진안고원에 기반을 둔 가야세력이 가야 소국으로까지 발전하였기 때문이다.

가야사 국정과제가 시작되기 이전까지만 해도 운봉가야와 장수가야라는 임시 용어로 그 존재를 세상에 알렸다. 솔직히 전북가야의 가명(假名)들이다. 왜냐하면 간헐적으로 이루어진 발굴조사가 워낙 미진하였기 때문이다. 다행히 전북특별자치도의 예산 지원으로 그 실체가 명쾌하게 검증되었고, 가야 봉화 및 산성, 제철유적의 분포양상도 파악되었다. 모두 다 전북가야의 아이콘(icon)들이다.

종래에는 기문가야를 남강 유역의 가야세력, 운봉고

원 가야계 국가 단계의 정치체, 운봉지역 가야, 기문국으로 반파가야를 금강 상류지역의 가야세력, 진안고원의 장수권 가야 계통 국가 단계의 정치체, 장수지역의 가야, 장수가야라고 불렀다. 여기서는 역사고고학에 근거를 두고 운봉가야를 기문가야로 장수가야를 반파가야로 비정하고자 한다.

백두대간 동쪽 운봉고원은 신선의 땅으로 회자된다. 그 역동성에 걸맞게 가야 이야기도 차고 넘친다. 우리나라와 중국, 일본 등 동북아를 아우르는 그 시기 최고급 위세품을 거의 다 모았다. 가야 고총에서 나온 금동신발, 쇠로 만든 자루솥은 모든 가야 영역에서 한 점씩만 출토되었다. 중국 양나라에서 바다를 건너온 계수호와 청동거울도 역시 기문가야 고총에서만 나왔다.

금강 최상류에 지역적인 기반을 둔 반파가야는 봉화 왕국이다. 주지하다시피 가야 봉화는 국가의 존재와 국가의 영역과 국가의 국력을 대변한다. 현재까지 복원된 가야 봉화로의 최종 종착지가 장수군 장계분지다. 240여 기의 가야 고총이 장수군 일원에서 발견되어 고고학 자료로 반파가야의 존재를 확증하였다. 엄밀히 말하면 반파가야는 ICT(Information &

Communication Technology)왕국이다.

예나 지금이나 국력의 원천은 철이다. 철광석을 녹여 철을 생산하던 제철유적은 포항제철과 그 의미가 똑같다. 전북 동부에 가야 봉화망을 구축하려면 반드시 국력이 뒷받침되어야 한다. 전북가야의 영역에서 300여 개소의 제철유적이 무더기로 발견되어 세간의 이목을 집중시켰다. 아직은 전북가야와의 연관성이 검증되지 않았지만 한반도에서 제철유적의 밀집도가 가장 높다.

가야 소국의 위치 비정은 역사고고학의 범주에 속한다. 사실 「양직공도(梁職貢圖)」 등 문헌의 내용이 유적과 유물로 입증되면 학계의 논의가 시작되고, 이를 근거로 결론 도출도 가능하다. 전북 동부에서 축적된 고고학 자료를 문헌에 접목시켜 운봉가야를 기문가야로 장수가야를 반파가야로 비정하였다. 당시 문헌에서 요구하는 대부분의 내용을 고고학 자료로 충족시켰다.

1500년 전 백제 무령왕은 가야로 본격 진출할 때 기문가야의 복속을 선언하였다. 반파가야는 기문가야를 지키기 위해 백제와 3년 전쟁을 불사하였고, 신라와는 적대관계를 야기한 봉화 왕국이다. 중국, 일본 문헌에 한 묶음으로 기문가야와 반파가야가 등장한다. 전북가야를 탄생시킨 가야 소국들로 역동성과 다양성, 국제성으로 상징된다.

언제나 늘 국민들은 가야를 철의 왕국으로 복원해 달라고 열망한다. 모든 가야의 영역에서 가장 많은 제철유적이 전북 동부에 밀집 분포되어 있기 때문에 지속적인 학술조사와 검증도 필요하다. 2023년 남원 유곡리와 두락리 고분군이 유네스코 세계유산에 등재된 것도 철의 힘이 아닌가 싶다.

전북 동부에 350여 기의 가야 고총과 120여 개소의 가야 봉화를 남긴 전북가야가 백두대간을 무대로 대도약하길 소망한다. 더 나아가 영호남의 상생과 화합, 화해가 꼭 성취되었으면 한다. 반파가야가 남긴 장수가야고분군의 세계유산 확장등재도 추진되었으면 한다.

05
가야계 철기유물의 최고봉, 꺾쇠

 흔히 꺾쇠는 양쪽 끝을 꼬부려서 주로 'ㄷ'자 모양으로 만든 쇠토막을 말한다. 달리 거멀정으로도 불리며, 한자로는 철송(鐵鎹), 설자(楔子)로 쓴다. 꺾쇠는 두 개의 물체를 겹쳐 대어 서로 벌어지지 않게 하는 데 쓰인다. 그리고 집을 지을 때 나무를 다듬거나 연결 보강 철물 가구 부속품으로도 꺾쇠가 폭넓게 쓰인다.

 꺾쇠의 종류로는 한쪽 끝만 구부려 뾰족하게 다듬은 단촉꺾쇠, 한쪽을 주석처럼 넓게 민든 주걱꺾쇠, 양쪽 끝이 서로 반대 방향으로 구부린 어금꺾쇠 등이 있다.

 한반도 무덤에서도 꺾쇠가 나왔다. 망자(亡者)의 시신을 모시던 나무 관을 짤 때 쇠못과 함께 꺾쇠가 사용되었다. 국립춘천박물관에 초기 철기시대 출토품이 있지만 대체로 4세기 경부터 전국적으로 널리 유행하였다.

 전북 동부에서는 5세기 초엽 경 가야 고총에서 꺾쇠가 처음 등장해 후대로 가면서 그 크기가 더 커졌다.

가야 고총에서 꺾쇠가 나와야 무덤의 주인공이 왕과 왕비로 인정받을 정도로 꺾쇠는 가야계 철기 유물의 최고봉(最高峰)이다.

 운봉고원 내 남원 청계리 고분군에서 꺾쇠가 나왔다. 백두대간 산줄기 동쪽 기슭 말단부로 남원시 아영면 소재지 서쪽 반달모양 산자락 정상부에 20여 기의 가야 고총이 무리 지어 있다.

 남원 청계리 1호분은 봉분의 평면형태가 사다리모양으로 거의 T자형으로 배치된 매장공간의 주석곽에서 꺾쇠가 출토되었다. 전북 동부 가야 고총에서 나온 꺾쇠 중 크기가 가장 작고 폭이 비교적 넓은 형태로 그 시기가 5세기 초엽 경이다.

 남원 월산리 고분군에서도 꺾쇠가 출토되었다. 본래 10여 기의 가야 고총이 무리 지은 가야계 핵심 분묘유적으로 기문가야의 존재를 처음 학계에 알린 곳이다. 남원 월산리 M1-A호와 M4호분, M5호분, M6호분에서 나온 꺾쇠는 남원 청계리 출토품보다 그 크기가 크고 폭이 좁다. 운봉고원에 기반을 둔 기문가야의 수장층이 잠든 분묘유적으로 가야에서 유일하게 중국제 청자인 계수호와 쇠로 만든 자루솥도 출토되었다.

 2023년 세계유산에 등재된 남원 유곡리와 두락리

고분군에서도 꺾쇠가 다량으로 쏟아졌다. 모두 40여 기의 가야 고총으로 구성된 가야계 수장층 분묘유적으로 기문가야의 왕과 왕비가 잠든 곳이다. 남원 유곡리와 두락리 32호분에서는 금동신발과 중국제 청동거울인 수대경과 꺾쇠가 함께 출토되어 학계의 이목을 집중시켰다.

반파가야의 영역에서는 장수 삼봉리 고분군에서만 꺾쇠가 나와 반파가야의 핵심 분묘유적으로 통한다. 반파가야의 꺾쇠는 기문가야의 꺾쇠보다 그 크기가 훨씬 작아 서로 다른 가야 정치체의 존재를 암시한다. 장수군에서 첫 국가 사적으로 지정된 장수 동촌리 가야 고분군에서는 한 점의 꺾쇠도 출토되지 않았다.

장수 삼봉리 가야 고총은 반파가야의 왕과 왕비가 잠든 지하궁전으로 꺾쇠가 이를 뒷받침한다. 일제강점기 일본인 오구라의 도굴로 가야 고총의 바닥면에서 다량의 꺾쇠만 나왔고, 다른 유물은 모두 통째로 사라졌다. 한반도에서 도굴의 피해가 가장 극심한 곳이다.

역사고고학에서는 꺾쇠가 출토된 가야 고총을 왕과 왕비의 무덤으로 평가한다. 운봉고원 내 세 개소의 가야계 핵심 분묘유적에서 꺾쇠가 나온 것은 기문가야의 정치 중심지가 남원 청계리·월산리에서 남원 유곡리·두락리로 이동되었음을 말해준다.

　모두 40여 기의 가야 중대형 고총으로 구성된 남원시 운봉읍 임리 가야 고분군에서는 한 점의 꺾쇠도 출토되지 않았다. 전북 동부 가야 고총에서 꺾쇠가 나온 것은, 백두대간을 중심으로 동쪽 운봉고원과 서쪽 금강 최상류 장수군 일원에 서로 다른 가야계 정치체가 존재하였음을 꺾쇠로 실증한다.

06
금은 상감 환두대도 속 첨단기술

 운봉고원 내 남원 월산리 고분군 발굴조사로 기문가야가 그 존재를 처음 세상에 알렸다. 임실 금성리에서 가야토기가 출토되고 10년 뒤 일이다. 원광대학교 마한백제문화연구소 주관으로 이루어진 구제 발굴조사를 진두지휘한 주인공은 전영래 교수다. 그는 전북 고고학의 토대를 구축한 선구자(先驅者)이자 인디아나 존스였다.

 1981년 이른 봄 광주와 대구를 잇는 88올림픽 고속도로 건설로 남원 월산리 고분군 구제 발굴조사가 추진되었다. 이 유적에 자리한 10여 기의 대형고분 중 3기의 고분이 고속도로 공사 구역에 자리하고 있었기 때문이다. 당시에 도로 건설로 유적이 훼손될 위험에 처하자 이를 구제하기 위한 발굴조사가 불가피한 상황이었다.

 40여 년 전 발굴조사에 참여한 발굴단원의 일화가 흥미롭다. 사실 발굴조사가 시작되기 이전까지만 해도 남원 월산리 대형고분을 가야가 아닌 백제로 인식하고 있었다고 한다. 운봉고원에 가야의 존재를 담은 문헌이 발견되지 않았고, 고고학 자료도 단천하여 전북 동부를 백제의 영역으로만 인식하고 있었던 것이다.

백두대간 산줄기 동쪽 기슭 말단부에 남원 월산리 고분군이 위치한다. 남원시 아영면 소재지 서북쪽 구릉지로 당시에는 계단식 논과 밭으로 개간된 상태였다. 대형고분의 봉분에는 소나무, 밤나무 등이 숲을 이루고 있었지만 그 규모가 워낙 커서 고고학자가 아니어도 무덤으로 인식할 정도였다.

조사단은 대형고분마다 이름을 지었다. M1~9호분이라고 이름을 붙였는데, M은 mound의 약자로 흙더미, 즉 무덤을 의미한다. M1~3호분이 공사 구역에 자리하여 전면적인 발굴조사가, M4호분은 간단한 정리조사만 이루어졌다. 한 달 반 동안 이어진 발굴조사에서 커다란 성과를 거두었다.

남원 월산리 M1호분은 가장 높은 지점에 터를 잡은 가장 큰 무덤으로 봉분의 직경 19m다. 이 무덤을 중심으로 M2호분이 서남쪽에 M3호분이 동북쪽에 봉분의 하단부가 서로 붙은 연접분(連接墳)이다. 세 기의 가야 고총 중 M1호분이 핵심 무덤이다.

경남 고성 송학동, 장수 동촌리·삼봉리, 남원 유곡리와 두락리 등 마한과 등을 맞댄 일부 지역에만 가야계 연접분이 분포되어 있다. 아무리 생각해도 남원 월산리 등 전북 동부에 집중적으로 분포된 연접분은 마한 무덤의 영향으로 추정된다.

남원 월산리 M1호분 내 M1-A호에서 금은 상감 둥근 고리칼, 즉 환두대도가 나왔다. M1-A호는 매장공간의 길이 860cm, 너비 136cm, 높이 185cm로 월산리에서 그 규모가 가장 크다. 일제 강점기부터 도굴 피해를 입어 뚜껑돌이 매장공간 안으로 붕괴된 상태였지만 2점의 금은 상감 환두대도가 북벽에서 2/3 떨어진 동벽 부근에서 출토되었다.

두 점 모두 최고의 상감기법(象嵌技法)을 자랑한다. 하나는 손잡이 위와 아래에 한 줄로 공간을 구획한 뒤 그 안에 물결무늬를 은(銀)으로, 이들 사이는 거북등무늬와 손톱모양 무늬를 세워서 은으로 상감하였다. 거북등무늬 안에는 연화문과 손톱모양 무늬를 금(金)으로 상감하였다. 다른 하나는 둥근 고리까지 금과 은으로 역시 정교하게 상감하였다.

상감은 고대부터 동서양에서 두루 이용되었던 공예

기법이다. 5~6세기에 널리 유행한 거북등무늬는 공주 무령왕릉과 고령 지산동 39호분에서 나온 환두대도에서도 확인된다. 8엽 혹은 9엽의 연화문은 장수 합미산성에서 나온 수막새 연화문과 거의 흡사하여 전북 동부에서 유행한 상징 문양으로 판단된다. 금은 상감 환두대도는 한반도 고대 상감 철제품의 극치(極致)로 평가를 받는다.

운봉고원은 철광석을 제련하여 철을 뽑아내던 제철단지이자 최첨단 철제품 가공단지였던 것 같다. 이제까지 운봉고원에서 그 존재를 드러낸 40여 개소의 제철유적과 금은 상감 환두대도 등 최상급 철제품이 이를 방증한다. 동시에 전북 동부에서만 유행하였던 연화문은 기문가야와 반파가야가 서로 등을 맞댄 이점을 살려 왕성하게 교류 및 교섭하였음을 유추해 볼 수 있다.

07
쇠로 만든 자루솥 주인공 누굴까

　고고학에서는 능(陵)과 총(塚)을 엄격하게 구분해서 사용한다. 능은 왕과 왕비가 잠든 대형 무덤으로, 그 피장자가 누구인지 꼭 알아야 한다. 1971년 지석을 통해 무덤의 주인공이 밝혀진 공주 무령왕릉과 세계유산에 등재된 고려 왕릉, 조선 왕릉이 가장 대표적이다.

　총은 무덤의 피장자가 파악되지 않은 왕릉급 대형 무덤으로 경주 황남대총과 천마총, 모든 가야 고총이 여기에 속한다. 백두대간 품속 전북 동부에서 420여 기의 가야 고총이 발견되었는데, 본래는 그 수가 훨씬 더 많았을 것으로 추측된다.

　가야 고총은 봉분의 직경이 20m 내외 되는 대형 무덤으로 그 주인공이 지배자 혹은 수장층이다. 가야계 소국의 존재를 확증해 주는 고고학 자료로 사방에서 한눈에 잘 조망되는 산등성이에 그 터를 잡았다. 일부러 봉분을 산봉우리처럼 훨씬 크게 보이게 함으로써 무덤 주인공의 권위와 권력을 극대화하려는 정치적인 목적이 담겼다.

1973년 발굴조사가 이루어진 경주 황남대총은 신라 왕릉급 무덤으로 밝혀졌지만 능(陵)자를 붙이지 않는다. 당시 발굴조사에서 수 만점의 유물이 출토되었지만 무덤의 주인공을 알 수 있는 단서가 없었기 때문이다. 어쩔 수 없이 황남동 일대에 자리한 왕릉급 무덤 중 그 규모가 가장 커서 황남대총이라고 이름을 붙였다.

경주 황남대총은 봉분의 길이 120m로 남분과 북분이 서로 붙은 연접분으로 봉분의 평면 형태가 표주박 모양이다. 당시 무덤에서 나온 유물을 근거로 북쪽이 왕, 남쪽이 왕비 무덤으로 밝혀졌다. 왕 무덤에서 나온 수많은 유물 가운데 청동으로 만든 자루솥이 있다. 자루솥은 갑옷, 투구 등 무구류처럼 남성을 상징하는 주요 유물이다.

남원 월산리 M5호분에서 자루솥이 나와 큰 충격을 주었다. 매장공간 남쪽에서 바닥에 토기류를 놓고 그 위에 올려놓은 마구류, 무구류와 함께 나왔다. 자루솥이 나온 남원 월산리 M5호분 뒤편에 M4호분과 M6호분이 있는데, 이들 가야 고총에서는 마구류, 무구류가 없고 구슬류가 많이 출토되었다. 그렇다면 M5호분이 왕, M4호분과 M6호분이 왕비 무덤으로 추정된다.

자루솥은 높이 16cm로 솥 모양으로 생긴 몸통부에 손잡이가 있다. 몸통부는 가운데 부분이 가장 넓고 위쪽과 아래쪽이 거의 대칭을 이루고 바닥에는 3개의 다리가 비스듬히 붙어있다. 몸통부 중앙에 달린 손잡이는 ㄱ자 모양으로 두 번 꺾어 그 높이가 몸통부와 거의 비슷하다.

중국 문헌에 자루솥은 의기(儀器), 야전 취사 용기, 술과 차를 끓이는 온주기(溫酒器) 등으로 소개되어 있다. 한나라 때 처음으로 등장하며, 한반도에서는 5세기에 널리 쓰인다. 처음에는 중국에서 들여온 자루솥을 사용하다가 5세기 무렵부터 직접 만들었다.

서울 풍납토성, 경주 금관총·황남대총 등 한반도에서 나온 10여 점의 자루솥은 대부분 청동으로 만들었다. 남원 월산리, 서천 부장리 출토품은 쇠로 만들었는데, 이들 자루솥이 모양과 크기가 서로 다르다. 남원 월산리 출토품과 흡사한 자루솥이 한반도에서 나오지 않아 운봉고원에서 직접 만들어졌을 개연성이 높다.

모든 가야 영역에서는 전북 동부에서만 자루솥이 출

토되었다. 경주 등 다른 지역에서는 왕 또는 지방 우두머리 무덤에서만 자루솥이 한정적으로 나왔다. 남원 월산리 M5호분에서 나온 쇠로 만든 자루솥은 운봉고원 철산지를 무대로 번창하였던 가야 정치체의 존재를 실증한다. 동시에 철의 가공 기술이 뛰어난 철의 집단이었음을 반증한다.

08
철 가공 기술의 걸작품 비늘 갑옷

 우리나라 박물관은 설립 및 운영 주체를 근거로 국립, 공립, 사립, 대학 박물관으로 구분한다. 전국적으로 200여 개의 대학 박물관이 있다는 사실을 알고 있는 분들이 많지 않다. 각각의 대학이 소재한 지역의 역사와 문화를 연구하고 교육하고 유물을 전시함으로써 지역 문화의 창달과 박물관 발전에 크게 기여하고 있다.

 운봉고원에서 나온 값진 유물을 소장하고 있는 대학 박물관이 있다. 전북대학교와 한양대학교 박물관이다. 전북 남원시 아영면이 고향인 독지가가 두 대학에 유물을 기증하였기 때문이다. 그 중에서 전북대학교 박물관에 소장된 가야계 비늘 갑옷을 소개하려고 한다.

 1961년 전북대학교 박물관이 문을 열었다. 그 소식을 전해 들은 독지가가 박물관 개관을 기념하기 위해 모교인 전북대학교 박물관에 400여 점의 유물을 기증하였다고 한다. 너무 늦어 면목이 없지만 개인 소장 유물을 모교에 쾌척한 독지가의 용단에 감사와 경의를 표한다.

60여 년의 세월이 흘렀음에도 그것을 알고 있는 사람들이 그다지 많지 않다. 기억이 사라지기 전에 짤막한 기록으로 남기려고 한다. 더욱이 유물의 소장 여부와 학술적 가치를 조명하려는 학계 및 학자들의 노력도 거의 없다. 엄연히 조상들의 지혜와 정신이 깃든 유물인데도 말이다.

1982년 고고학에 입문해 운봉고원을 고향처럼 자주 들락거렸다. 40여 년 동안 오로지 가야고고학으로만 시간을 보낸 필자는 운봉고원이 가야고고학의 본무대였다. 운봉고원 사람들이 들려준 수많은 이야기를 쌓으면 그 높이가 지리산 천왕봉보다 더 높을 것이다. 지금도 독지가의 이야기는 기억 속에 생생하다.

1960년대 독지가의 집에는 두 채의 창고형 건물이 있었다고 한다. 이 두 동의 건물에 유물들로 가득 찼다고 당시를 회상하고 있는 분들이 적지 않다. 독지가는 400여 점의 유물을 선별하여 전북대학교 박물관에 기증하였다고 한다. 이때부터 유물들이 전북대학교 박물관 새 식구가 된 것이다.

필자는 10여 년의 시간을 전북대학교 박물관에서 보냈다. 이때 박물관 수장고(收藏庫)에서 가야계 비늘 갑옷을 만났다. 사실 고고학 입문 초창기여서 그 가치를 전혀 몰랐다. 아무도 비늘 갑옷을 주목하지 않았지만 아주 건강한 모습이었다. 아무리 생각해도 운봉고원의 니켈 철로 만든 덕택으로 30여 년의 세월을 견뎌낸 현재의 모습이 궁금하다.

1992년 가야계 비늘 갑옷이 신문 일면을 장식하였다. 경남 함안에서 신문을 배달하던 소년이 비닐로 만든 갑옷을 발견하고 신고함으로써 그 존재가 세상에 알려졌다. 이곳은 아라가야의 수장층이 잠든 분묘유적으로 함안 단각고배(末伊山) 고분군으로 세계유산에 등재되었고, 가야고분군 핵심 분묘유적이다.

2009년 경주 쪽샘지구 내 신라계 적석목곽묘에서도 비늘 마갑(馬甲)이 나와 지붕을 씌우고 노출 전시관으로 공개하고 있다. 영남에서는 판자모양 갑옷이 비늘모양으로 발전한 것으로 알렸다. 비늘 갑옷은 말을 탄 기병의 기동성과 용맹성을 최고로 높여주는 최첨단 무구류이다.

고구려 고분벽화에 비늘 갑옷이 등장한다. 고분벽화는 무덤 주인공의 일상생활과 사후세계를 그림으로 그린 또 다른 생생한 역사 기록이다. 고구려 안악 3호분과 쌍영총, 덕흥리 고분, 개마총, 집안 삼실총 등 비늘계 마갑은 경남 함안 단각고배, 경주 쪽샘 지구에서 나온 마갑과 동일하다. 고구려는 마갑으로 무장한 기병의 대활약으로 내몽골까지 영역을 넓혔다.

  한반도에서 두 벌의 비늘 갑옷이 나온 곳은 운봉고원이 유일하다. 아직까지 판자모양 갑옷이 출토되지 않아 지리산 마한왕부터 시작된 최첨단 가공기술을 바탕으로 처음부터 비늘 갑옷만을 만들었을 개연성도 없지 않다. 반세기 넘게 전북대학교 수장고에 보관된 비늘갑옷이 화려한 외출로 운봉고원의 최첨단 철의 가공기술을 뽐냈으면 한다.

09
고구려 고분벽화 기꽂이 보물창고

  운봉고원에서 가야계 핵심 분묘유적이 남원 유곡리와 두락리 고분군이다. 2023년 세계유산에 등재될 때 이코모스에서 파견한 평가위원들로부터 두 번 모두 극찬을 받은 곳이다. 일본에서 온 평가위원은 동북아를 아우르는 유물과 원형 보존이 워낙에 탁월하여 전북 중심으로 등재 전략을 세웠으면 한다고 거듭 당부하였다.

  전북과 경남 경계에 연비산이 위치한다. 산의 형국이 마치 하늘을 나는 솔개를 닮아 붙여진 이름이다. 이 산에서 서쪽으로 아영분지까지 쭉 뻗은 산자락이 남원시 인월면 유곡리와 아영면 두락리 행정 경계를 이룬다. 사방이 한눈에 잘 조망되어 가야계 고총이 들어서기에 최적의 자연환경을 자랑한다. 연비산 북쪽 고갯마루가 왕령(王嶺)으로 왕이 넘던 고개라고 전한다.

  가야 고총이 산자락 정상부를 중심으로 남쪽과 북쪽

기슭에 골고루 자리하여 남원 유곡리와 두락리 고분군이라고 이름을 붙였다. 여기서 두락리(斗洛里)는 도읍, 즉 서울을 가리킨다고 한다. 이곳에 가야 사람들이 살던 생활유적이 자리하고 있을 것으로 추정된다. 모두 40여 기의 가야 고총이 분포된 구역은 동서 길이 500m 가량 된다.

면담조사 때 1970년대까지만 해도 가야 고총의 수가 훨씬 더 많았었다고 유곡리 성내마을 주민들이 설명해 주었다. 일제 강점기부터 시작된 도굴 이야기는 도저히 듣기 어려울 정도로 참혹하였다. 더욱이 임야지대에 터를 잡은 일부 고총을 제외하면 대부분 봉분의 정상부를 평탄하게 다듬어 밭으로 경작하고 있었다.

이 마을 주민들의 도움을 받아 남원 유곡리와 두락리 17호분이 발굴조사 대상 무덤으로 선정되었다. 오래전 주민들이 봉분을 뚫고 내부로 들어갔는데, 돌로 만든 내부 공간이 무너져 더 이상 안으로 들어갈 수 없었다고 증언해 주었다. 도굴의 피해를 입지 않았을 것으로 판단되어 큰 기대 속에 발굴조사가 시작되었다.

안타깝게 네 번의 도굴이 이루어진 것으로 파악되었

다. 이 마을 주민들 몰래 일제 강점기부터 세 번의 도굴이 이루어져 큰 기대는 절망으로 바뀌었다. 주민들의 증언대로 매장공간이 무너져 내렸지만, 유물은 거의 남아있지 않았다. 다행히 매장공간을 덮었던 뚜껑돌이 처박혀 매장공간의 서쪽에서 기꽂이, 등자 등 소량의 유물이 출토되었다.

남원 유곡리와 두락리 17호분은 봉분에 하나의 매장공간이 마련된 단곽식으로 운봉고원 등 전북 동부의 강한 지역성이다. 매장공간은 길이 860cm, 너비 130cm, 높이 180cm로 가야에서도 대형급에 속한다. 무덤 주인공의 발쪽에 부장된 기꽂이는 높이 41cm로 그 보존상태가 양호하다. 아무래도 운봉고원에서 생산된 니켈 칠의 비밀이 아닌가 싶다.

기꽂이는 말 안장 뒤에 부착하여 깃발을 꽂는 장치로 한자로는 기생(寄生)으로 부른다. 거의 반달모양으로 구부리고 안장에 고정시키기 위한 둥근 구멍을 양쪽에 두었다. 중앙부에는 서로 각도가 다르게 세 번 구부리고 끝부분을 수직으로 세워 깃발을 꽂을 수 있도록 마감하였다. 남원 월산리 M5호분에서도 비슷한 모양의 기꽂이가 더 나왔다.

고구려 고분벽화에 기꽂이가 등장한다. 집안 쌍영총

고분벽화 속 기마무사 모습으로 운봉고원 출토품과 그 모양이 흡사하다. 고구려의 향을 받아 등장한 것으로 알려졌지만 그 전파 경로는 불분명하다. 운봉고원이 백제와 가야 문물교류의 길목이자 관문을 이루고 있기 때문에 백제를 통해 기꽂이 제작기술이 전파되었을 가능성이 높다. 운봉고원 내 가야 고총에서 모두 두 점이 출토되어 다른 지역에 비해 출토량이 많다.

10
철 가공 기술의 극치 복발형 투구

 전북 동부 가야 고총에서 나온 철제품 중 또 다른 걸작품이 복발형(覆鉢形) 투구이다. 국어사전에 투구는 예전에 군인이 전투할 때 적의 화살이나 칼날로부터 머리를 보호하기 위하여 쓰던 쇠로 만든 모자이다. 전쟁에서 쓰는 여러 가지 도구를 통틀어 무구류라고 하는데, 무구류의 핵심 도구가 투구이다.

 전북 동부 가야계 분묘유적에서 2점의 투구가 출토되었다. 남원 월산리 M1-A호와 남원 월산리 M5호분으로 기문가야의 수장층 무덤들이다. 무덤 주인공의 시신을 모신 목관에 사용된 꺾쇠가 출토되어 그 피장자가 지배자, 즉 왕으로 추정된다. 모두 두 점의 투구는 외형이 거의 흡사하지만 남원 월산리 M5호분 출토품이 더 온전한 모습이다.

 투구는 세로로 긴 철판을 서로 이어 붙여 몸통부를 완성하고 그 위에 관모(冠帽) 모양의 발(鉢)을 엎어놓아 복발형 투구라고 이름을 지었다. 관모는 관리가 쓰도록 정하여진 일정한 규격의 모자로 절에서 쓰는 승려의 공양 그릇을 닮아 발 혹은 바리라고도 부른다. 발은 상당히 높고 그 평면 형태가 장타원형이며, 입구 부분에 하나의 단을 두었다. 투구는 높이 30cm, 직경 20cm이다.

투구의 이마 부분에 햇빛을 가릴 수 있는 초승달 모양의 차양이 부착되어 있다. 투구는 볼가리개와 목가리개가 서로 세트를 이룬다. 한반도에서 처음 나온 볼가리개는 다음에 설명할 비늘 갑옷과 제작 기법이 흡사하다. 목가리개는 22장의 세로로 긴 철판을 서로 이어 붙이고 앞부분에 고정하기 위한 고리 경첩이 달리고 가장자리를 가죽으로 마감하였다.

남원 월산리 M5호분은 M1호분에서 동쪽으로 40m 떨어진 밭에 자리한다. 이 무덤을 중심으로 M4호분이 서북쪽에 M6호분이 동북쪽에 각각 10m 가량 거리를 둔 상태로 분포되어 있다. 모두 3기의 가야 고총이 하나의 분포권을 형성하여 부부 혹은 혈연관계였음을 암시한다.

더욱이 M5호분에서 동쪽으로 70m 떨어진 임야에도 3기의 가야 고총이 무리 지어 있었다. 남원 월산리 M7호분을 중심으로 M8호분이 동북쪽에 M9호분이 동남쪽에 서로 10m 남짓 거리를 두었다. 1990년대 경지 정리 사업을 추진하면서 한 장의 사진도 남기지 않고 모두 없어져 몹시 애통하다.

남원 월산리 가야 고총에서 나온 차양이 달린 복발형 투구는 기문가야 철제품의 상징이다. 햇빛을 가리기 위한 차양은 초승달 모양으로 철 가공기술의 정수로써 기문가야 철 장인의 기술력을 뽐낸다. 한반도에서는 운봉고원 가야 고총에서만 나왔고, 일본열도에서도 상당수 나왔다.

6세기 중엽 경 일본열도는 한반도에서 전해 준 타타라법을 이용하여 철 생산이 본격적으로 시작된다. 이보다 훨씬 이전에 만들어진 차양이 달린 복발형 투구는 한반도와 일본열도를 이어준 교역로를 따라 일본열도로 건너갔을 개연성이 높다. 한반도의 운봉고원에서만 나온 차양이 달린 복발형 투구는 기문가야의 핵심 교역품이었다.

기문가야의 교역품으로는 재갈과 등자, 화살촉, 투겁창, 쇠도끼, 쇠낫, 살포 등이 더 있다. 운봉고원은 거의 모든 철제품이 생산된 철 가공단지로 기문가야 국력의 원동력이었을 것으로 판단된다. 동시에 신선의 땅으로 자리매김된 본바탕이 아니었을까?

11
무령왕릉보다 30여 년 앞선 청동거울

 2012년 필자가 중앙대학교 송화섭 교수와 함께 남원시청을 방문하였다. 남원 유곡리와 두락리 고분군의 국가 사적 승격을 위해 이환주 전 남원시장에게 학술 발굴조사의 필요성을 건의하기 위해서였다. 남원시청 대회의실에 마련된 설명회 때 시장님이 발굴조사의 필요성에 공감하고 그 자리에서 발굴비 지원을 약속하였다.

 2013년 필자는 남원시 인월면 유곡리 성내마을을 방문해 발굴조사 준비를 시작하였다. 이 마을 회관에서 주민들에게 발굴조사의 필요성을 설명하고 토지 사용 동의 협조를 당부드렸다. 곧바로 이장님을 비롯한 주민들이 발굴조사에 적극 협조하겠다고 화답하였다.

 남원시가 한 기의 가야 고총을 발굴할 수 있는 발굴비를 지원해 주었다. 모두 40여기의 가야 고총 중 한 기의 고총을 선정하는 준비 과정이 가장 힘들었다. 30

여 년 동안 성내마을을 출입하면서 찍어 둔 사진 자료와 면담조사의 내용을 면밀히 분석한 뒤 32호분을 발굴 대상으로 선정하였다.

남원 유곡리와 두락리 32호분은 분묘유적의 중앙부에 위치하고 있으면서 성내마을 바로 뒤편에 자리한다. 일제 강점기부터 시작된 도굴로 상당한 피해를 입었을 것으로 예상하였지만 그 정도가 심하지 않았을 것으로 생각하였다. 천하의 도굴꾼이라 하더라도 마을 주민들의 시선을 의식하지 않을 수 없었기 때문이다. 그 당시 예상이 발굴조사를 통해 적중하였다.

오래전 계단식 밭으로 조성된 봉분에서 한 개소의 매장공간이 모습을 드러냈다. 매장공간은 거의 지하식으로 동서로 장축방향을 두었으며, 주석곽의 규모는 길이 750cm, 너비 130cm, 깊이 180cm이다. 주석곽 북쪽에서 매장공간과 평행되게 유물만을 넣어둔 부장 공간이 더 조사되었다.

마한 무덤의 특징이 가야 고총에서 확인되었다. 봉분에서 말뼈가 확인되었는데, 말뼈는 장례를 치르는 과정에 올린 제물로 추정된다. 봉분의 가장자리에 둘레돌을 시설하지 않고 마한 무덤의 상징으로 알려진 도랑을 둘렀다. 남원 월산리에서 밝혀진 한 개소의 매장공간만 둔 단곽식의 운봉고원 지역성과 독자성도 다시 또 입증되었다.

매장공간인 주석곽의 동쪽, 즉 무덤 주인공의 머리 쪽에서 동북아를 아우르는 청동거울이 나왔다. 몇 겹의 섬유로 쌓은 뒤 목제 함에 넣었을 것으로 추정되며, 거울의 직경 17.45cm이다. 거울 뒷면에 동물이 둥근 띠 모양으로 장식되어 달리 수대경(獸帶鏡)으로도 불린다. 손잡이가 하나만 달린 전형적인 중국제로 양(梁)나라(502~557)에서 만들어진 거울이다.

1971년 공주 무령왕릉에서 출토되어 곧바로 국보로 지정된 3점의 중국제 청동거울보다 그 시기가 30년 앞선다. 이것과 흡사한 청동거울이 일본 군마현 관음산과 사가현 삼상산하 고분 등 일본열도에서도 나아 청동거울이 한반도와 중국, 일본열도를 하나로 묶어 주는 촉매제로 평가된다. 가야 고총에서는 남원 유곡리와 두락리에서만 출토되어, 동아시아 고대문명의 다양성을 유물로 입증하였다.

전북 동부에서 중국제 청동거울이 나온 실마리는 무엇일까? 초기 철기시대 마한왕이 운봉고원에 처음 전해준 철기문화에 기반을 둔 철산개발과 무관하지 않은 것 같다. 백제 왕이 양나라에서 들여와 운봉고원 가야 정치체 보낸 하사품으로 본 견해가 널리 통용되고 있다. 그렇지만 백제는 정치 불안으로 혼란기였지만 운봉고원의 가야 정치체는 최전성기를 보내고 있었다.

일본에서 온 평가위원도, 중국제 청동거울이 나온 유곡리와 두락리 32호분에 큰 관심을 보였고, 향후 전북을 중심으로 가야고분군의 세계유산 등재 전략 수립을 부탁하였다. 남원 유곡리와 두락리 고분군은 주변국과 자율적이고 수평적인 독특한 정치체제를 유지하며, 동아시아 고대문명의 다양성을 유적과 유물로 실증해 주었다. 그리고 전북특별자치도 다섯 번째 세계유산이다.

12
기문가야 자주외교의 표상 계수호

 2010년 전북 동부 가야 고총에서 중국제 청자가 나와 학계를 충격 속에 빠뜨렸다. 남원 월산리 M5호분에서 출토된 계수호(鷄首壺)가 그 주인공이다. 아직까지 다른 지역의 가야 고총에서는 출토되지 않아 여전히 전북 동부 가야 정치체의 국제성을 상징한다. 바로 위에서 설명드린 청동거울과 함께 양나라 국보급 유물이다.

 남원 월산리 M5호분은 3기의 가야 고총이 무리 지어 서로 친연관계를 암시한다. 이 무덤에서만 계수호를 중심으로 투구, 갑옷 등 무구류가 출토되었고, 다른 고총은 무구류가 없고 장신구류가 더 많은 양을 차지하였다. 유물을 근거로 그 피장자를 추론한다면 M5호분이 왕으로 M5·6호분이 왕비의 무덤으로 추정된다.

 계수호는 매장공간의 서쪽, 즉 발 부분에서 나왔다. 천만다행으로 무덤이 도굴의 피해를 입지 않아 계수호 등 부장 유물이 원상대로 놓여있었다. 바닥에는 토기류를 놓고 그 위에 마구류와 무구류를 올려놓았는데, 계수호는 마구류와 무구류 사이에서 나왔다.

주둥이가 넓고 높으며 목이 길지도 짧지도 않다. 몸통은 어깨 부분이 가장 넓고 아래로 내려가면서 조금씩 좁아져 비교적 안정감을 준다. 바닥은 편평하며 몸통의 바닥 부분에는 유약이 시유되지 않았다. 주둥이와 몸통의 어깨 사이를 활 모양으로 생긴 손잡이가 연결되어 있으며, 손잡이 반대편에는 닭 머리 부분이 붙어있다. 어깨에 반달 모양으로 생긴 두 개의 꼭지가 붙어있다.

한국과 중국학자들이 계수호의 역사성에 대해 큰 차이를 보인다. 국내 학자들은 백제왕이 계수호를 양나라로부터 들여와 운봉고원 가야 정치체의 지배자에게 보낸 하사품으로 해석한다. 백제왕이 운봉고원 가야 정치체의 존재와 중요성을 인정하고 서로 정략적인 관계의 목적을 담아 보냈다는 것이다.

그러나 중국학자는 국내 학자들의 주장을 동의할 수 없다고 반론을 제기하였다. 중국 절강성 영파박물관 이군 관장은 중국 청자 연구 최고의 전문가로 운봉고원 가야 정치체의 자주외교의 증거물이자 표상(表象)으로 보았다. 계수호의 몸통에 장식된 닭이 부리를 다물고 있기 때문에 생활용기가 아닌 부장용기라는 것이다. 운봉고원의 가야 정치체가 장례 때 제물로 사용하기 위해 직접 양나라에 가서 계수호를 구입하였다는 것이다.

2016년 호남문화유산연구원과 남경박물원이 공동으로 개최한 국제학술대회 때 계수호를 알리기 위해 중국을 다녀왔다. 전북 동부 가야 고총에서 나온 계수호의 고향을 찾기 위해 학술대회에 참가하게 되었다고 말문을 열었다. 중국학자들의 반응은 기대 이상으로 뜨거웠다. 중국에서도 최고의 분묘유적에서 최고의 신분을 가진 지배자의 무덤에서만 출토되는 대단히 중요한 유물이라고 설명해 주었다. 여기서 그치지 않고 계수호를 소개할 기회가 있으면 최고라는 수식어를 꼭 사용해야 한다고 부탁하였다.

남원 월산리 M5호분 계수호는 한반도에서 아홉 번째로 학계에 보고되었다. 공주 수촌리, 천안 용원리, 서천 부장리 등을 제외하면 대부분 발견매장문화재로 백제 영역에서 출토되었다. 가야 영역에서 처음으로 출토되었는데, 이것은 백제와 가야의 문물교류의 관문으로서 전북 동부의 역할과 운봉고원 가야 정치체의 탁월성을 유물로 알렸다.

중국학자의 고견(高見)처럼 계수호가 자주외교를 대변한다면 동진강 하구 가야포의 역사성을 다시 논의해야 한다. 전북 동부에 지역적인 기반을 둔 가야 정치체가 바닷길로 중국과 교류 및 교역을 할 때 경제성과 신속성, 안정성이 가장 탁월하기 때문이다. 한반도와 중국의 국제교역과 함께 운봉고원 가야 정치체의 위상을 최고로 높여 준 것이 계수호다.

13
일본열도에서 바다를 건너온 수즐

 백제 근초고왕 남정 이후 운봉고원에서 커다란 변화가 일어난다. 기원전 84년 지리산 달궁계곡으로 피난을 온 마한왕에서 처음 시작된 마한세력이 가야문화를 받아들이기 시작한다. 그리고 남원시 운봉읍 장교리에서 아영분지 일대로 중심지를 옮긴다. 아영분지에서 가장 이른 시기의 가야 고총이 조사된 곳이 남원 청계리 고분군이다.

 남원시 아영면 소재지 서쪽에 반달 모양으로 생긴 산자락이 있다. 백두대간 산줄기 동쪽 기슭 말단부로 산자락 남쪽에 남원 청계리 고분군이 북쪽에 남원 고분군이 자리한다. 자생풍수에서 최고의 혈처로 정면, 즉 동쪽에 전북과 경남 경계를 이룬 연비산이 우뚝 솟아 있다.

 운봉고원 마한세력이 가야문화를 받아들이고 처음 만든 가야 고총이 청계리 1호분이다. 가야 고총에서 마한 묘제의 특징이 강한 뚜렷하다. 운봉고원 내 가야 고총 중 봉분의 평면 형태가 유일하게 사다리꼴 모양이다. 봉분은 북쪽이 넓고 남쪽이 좁아 군산 미룡동 등 전북 서부 분구묘와 거의 흡사하다. 영남에서 일부 가야 세력이 이동으로 본 주장이 있지만 묘제의 특징은 그렇지 않다.

다시 또 마한 묘제의 특징이 검증되었다. 가야 고총이 산자락 정상부에 위치하고 있음에도 불구하고 봉분의 남쪽에서 도랑, 주구(周溝)의 흔적이 조사되었다. 이처럼 도랑을 두른 흔적은 남원 유곡리와 두락리 32호분에서도 확인되었다. 운봉고원 가야 정치체의 뿌리가 변한이 아닌 마한이었음을 뒷받침한다.

이 가야 고총은 봉분 길이 35m로 대형급에 속한다. 봉분에 주석곽과 부장곽이 T자형으로 배치되어 있다. 매장공간인 두 기의 주석곽은 부부 관계로 추정되고, 부장곽은 운봉고원 가야세력의 풍요로움과 발전상을 대변한다. 이후부터 점진적으로 마한 묘제를 벗고 가야 묘제의 특징이 더욱 강해진다.

안타깝게 도굴의 피해가 극심하다. 뚜껑돌이 본래 위치에서 얼마간 옮겨진 상태로 지표면에 노출되어 있었고, 무덤에서 반출된 뚜껑돌도 적지 않았다. 매장공간의 남쪽 벽석을 헐고 도굴이 이루어져 뻥 뚫려 있었고, 부장곽을 덮은 뚜껑돌은 거의 남아있지 않았다.

 유물은 동북아를 화려하게 꽃피웠다. 도굴꾼이 무덤을 도굴하는 과정에 유물이 깨지자 버리고 간 것이 대부분을 차지하였지만 그 종류가 다양하였다. 아라가야의 랜드마크로 통하는 수레바퀴모양 토기가 나와 청계리 가야 고총의 조영 시기를 가늠해 볼 수 있다. 꺾쇠가 철기 유물에 섞여 있었고, 중국제 청자편도 포함되어 있었다.

 일본열도에서 바다를 건너온 수즐(竪櫛)이 큰 관심을 끌었다. 수즐은 나무로 만든 왜계 빗으로 머리카락을 머리에 고정시킬 때 쓰인 장신구이다. 경남 김해, 함안 등 대부분 해안에서 멀지 않은 유적에서 주로 출토되었는데, 내륙에서는 운봉고원 내 남원 청계리가 처음이다. 왜계 나무 빗이 철산지 운봉고원 내 가야 고총에서 나온 것은 시사하는 바가 크다.

 중국제 계수호와 수대경, 왜계 나무 빗[수즐(竪櫛)]이 운봉고원 등 전북 동부가 동북아 문물교류의 허브였음을 말해준다. 운봉고원의 차양이 달린 복발형 투구, 역자형 비대칭 철촉 등 철기 유물이 일본에서 상당수 나왔고, 일본에서 니켈이 함유된 철기류가 상당수 나와 이를 다시 방증한다. 당시에 철을 교역품으로 한반도와 일본열도를 이어주던 교역로가 있었음을 암시한다.

  6세기 중엽 경 일본열도에서 한반도 타타라법으로 철이 생산되기 시작한다. 이때는 운봉고원 등 전북 동부 철산지의 운영 주체가 백제에서 신라로 바뀔 무렵이다. 신라의 엄혹한 지배가 시작되자 교역로를 따라 전북 동부 철의 장인 집단이 대이동하였을 것으로 추측된다. 수즐은 중국에서 출발해 일본열도까지 이어진 동북아 아이언로드 복원의 열쇠를 쥔 블랙박스와 같다.

14
운봉고원 국보급 가야토기 박물관

 백두대간 품속 운봉고원은 대가야의 변방(邊方) 혹은 지방(地方)으로 본 견해가 널리 통용되고 있다. 대가야가 국력을 신장시킨 뒤 5세기 중엽 경 호남 동부 일대로 진출하는 과정에 가야문화가 시작된 것으로 판단하고 운봉고원 등 전북 동부를 대가야 영역에 포함시킨다.

 반면에 기원전 84년 지리산 달궁계곡으로 피난을 온 마한왕의 후예들이 4세기 말엽 경 가야문화를 받아들여 가야계 소국으로까지 발전하였다는 반론도 제기되었다. 전북 동부에 지역적인 기반을 둔 가야 정치체는 마한과 가야의 융합이라는 것이다.

 역사의 실체인 유적과 유물로 본 운봉고원은 다양성과 역동성, 국제성으로 상징된다. 한반도를 중심으로 중국, 일본열도 등 동북아를 아우르는 위세품 박물관을 유물로 연출하였다. 모든 가야의 영역에서 운봉고원만의 강한 지역성이자 정체성이다.

백제 왕의 하사품으로 알려진 금동신발이 남원 월산리 가야 고총에서 나왔다. 중국제 청자인 계수호와 중국제 청동거울인 수대경이 운봉고원 내 가야 고총에서만 출토되었다. 일본열도에서 바다를 건너온 장신구 일종인 수즐도 운봉고원 내 남원 청계리에서 출토되었다.

그럼에도 운봉고원 내 가야계 분묘유적에서 나온 대가야 양식 토기를 근거로 대가야의 영역으로 편입시켰다. 앞에서 이미 언급하였듯이 운봉고원의 가야 묘제는 대가야와 확연히 다르다. 봉분에 하나의 매장공간만 배치된 단곽식으로 봉분 가장자리에 둘레돌을 두르지 않고 도랑을 둘렀고, 매장공간은 지상식 혹은 반지하식을 이룬다.

여기서 그치지 않고 운봉고원은 가야 토기 박물관을 연출하였다. 운봉고원이 철산지였음을 최상급 유물로 방증한다. 남원 청계리에서 남원 월산리를 거쳐 남원 유곡리와 두락리 일대로 중심지를 옮겨가면서 대가야 양식 토기류의 비율이 높아졌다. 운봉고원의 가야 정치체와 대가야의 경제 교류가 더욱더 강화되었음을 알 수 있다.

운봉고원의 가야 정치체와 백제와의 교류 및 교역

도 대가야 못지않게 지속되었다. 4세기 말엽 경 백제토기로 시작된 경제 교류가 5세기 이후에는 위세품과 위신재로 바뀌면서 한층 더 심화되었다. 운봉고원의 가야 정치체가 백제에 정치적으로 복속될 때까지 변함없이 계기적으로 이어졌으며, 유물로 본 백제와의 교류는 정략적인 관계를 연상시켰다.

남원 청계리 가야 고총에서는 가야토기가 거의 망라되어 있다. 지리산 달궁계곡에서 처음 시작된 철산개발이 다른 지역에 비해 상당히 앞섰음을 암시한다. 가야토기는 대부분 최상급으로 아라가야와 소가야 토기의 비율이 높은 것이 두드러진 특징이다. 이 단계부터 중국제 청자와 일본열도 수즐이 포함되어 유물로 동북아를 아울렀다.

남원 월산리 단계에 이르러서는 가야토기의 다양성이 계속되지만 대가야 양식 토기의 비율이 한층 높아진다. 아라가야와 소가야 토기의 비율이 현저하게 낮아지는 것은 경남 서부에서 철산개발이 본격적으로 이루어졌을 개연성을 암시해 준다. 지리산을 거느린 경남 함양군과 산청군 일원에서도 슬래그가 광범위하게 산재해 있다.

남원 유곡리와 두락리에서는 대가야 양식 토기가 일

색을 이룬다. 운봉고원 등 전북 동부 철산지는 대가야 철의 공급처(供給處)가 아니었을까? 경북 고령 등 대가야 영역에서 제철유적의 존재가 확인되지 않는다면 불가피한 현상이다. 동시에 백제와의 정략 관계도 쉼 없이 지속되었고, 운봉고원 가야 묘제의 지역성도 백제에 정치적으로 복속될 때까지 계속되었다.

혹자는 운봉고원 가야토기의 다양성을 가야계 소국의 도공 파견으로 해석한다. 그러나 운봉고원에서는 가야토기를 생산하던 토기 요지가 거의 발견되지 않고 오히려 제철유적의 밀집도가 월등히 높다. 운봉고원 내 대가야 양식 토기를 정치적인 해석보다 경제적인 교류의 소산물로서 가능성도 열어두어야 한다. 국가의 운영의 근간인 철은 수비자가 생산지를 직접 방문해서 사 간다.

15
가야고분군 세계유산에 등재되다

 백두대간 품속 남원 유곡리와 두락리 고분군이 세계유산에 등재되었다. 전북에서는 다섯 번째 세계유산이다. 경남과 경북, 전북이 7개소의 가야고분군에 담긴 탁월성과 역사성, 진정성을 검증받아 연속유산으로 일군 쾌거이다. 가야의 불모지 전북에서 가야를 세계유산에 등재시킬 수 있도록 격려와 성원을 보내준 전북도민들의 전북가야 사랑에 큰 경의를 표한다.

 1980년대 초 고고학을 시작한 필자는 전북 동부에도 가야가 있다는 것을 세상에 알리기 위해 40여 년의 시간을 보냈다. 사실 고고학자의 로망은 발굴조사이다. 전북가야의 실체를 발굴 자료로 알리기 위해 노력하였지만 행정 당국의 관심은 생각보다 차가웠다. 그렇지만 좌절하지 않고 배낭을 메고 잠꾸러기 가야 유적을 찾아 산하를 누벼 전북가야의 족보를 만들었다.

 가야사 국정과제가 한창일 때 흥미로운 빅 데이터가 언론에 보도되었다. 가야 유물은 영남 지방에 거의 다 있는데, 가야 유적은 전북 동부에 모여 있다는 것이다. 무슨 내용일까? 1970년대부터 영남에서는 가야 사랑과 지원으로 발굴조사를 시작하여 가야 유물이 산더미처럼 쌓여 있지만, 전북은 봉화 및 산성, 제철유적 등 가야계 유적이 차고 넘친다는 것이다.

과연 전북 동부에 가야 유적이 모여 있을까? 흔히 유적과 유물로 역사를 연구하고 복원하는 고고학에서는 두 가지의 연구 방법이 있다. 하나는 유적에 역사의 생명력을 불어넣는 발굴조사이며, 다른 하나는 유적의 족보를 만드는 지표조사이다. 전자는 행정당국의 예산 지원이 없으면 불가능하지만, 후자는 고고학자의 열정과 끈기만 있으면 가능하다.

전북 동부에서 그 실체를 드러낸 가야문화유산은 다양하고 풍성하다. 엄밀히 표현하면 지붕 없는 가야 야외 박물관이다. 가야 정치체의 지배자 무덤으로 알려진 가야 고총 420여 기와 철통같이 가야를 지켜준 120여 개소의 가야 봉화가 대표적이다. 여기에 가야 토기가 나온 장수 명덕리 대적골 제철유적을 중심으로 300여 개소의 제철유적도 빼 놓을 수 없다.

우리 국민들에게 가야는 철의 왕국으로 각인되어 있다. 가야의 심장 영남에서 산더미처럼 쌓인 발굴 자료에 근거를 두고 내린 결론이다. 다행히 장수 명덕리 대적골 제철유적에서 가야토기가 나와 가야에 의한 철산개발이 확증되었고, 반파가야 고총에서 나온 단야구(鍛冶具)는 철의 가공도 뒷받침한다. 전북 동부의 제철유적과 영남의 철기유물이 꼭 만나야 하는 이유이다.

전북 동부에 기반을 둔 가야 정치체는 역동성과 다양성, 국제성으로 상징된다. 우리나라를 중심으로 중국, 일본 등 동북아를 아우르는 천하제일의 유물을 전북가야가 대부분 모았다. 세계유산 등재 심사를 받는 과정에 전북가야의 원형보존이 외국에서 온 전문가들을 매료시켰다. 만약 전북을 중심으로 전략을 세운다면 세계유산에 등재될 것 같다는 덕담도 아끼지 않았다.

세계유산 등재를 준비하면서 가야 고총 봉분에 숲을 이룬 한 그루의 나무도 베지 못한 것이 가장 힘들었다. 전북가야에 대한 인식 부족으로 나무를 벨 수 있는 예산 지원이 없었기 때문이다. 천만다행으로 유네스코에서 파견한 세계유산 실사단은 숲을 이룬 산봉우리가 가야 고총이라는 설명을 듣고 소스라치게 놀라면서 참 가야, 진짜 가야를 보았다고 극찬을 아끼지 않았다.

2025년 5월 14일 남원 유곡리와 두락리 고분군 홍보관이 문을 열었다. 신선의 땅 운봉고원을 무대로 동북아를 아우르는 국제성과 역동성으로 상징되는 기문가야를 한자리에서 만날 수 있다. 세계유산 등재 이후 유적 정비와 함께 국가유산청과 전북특별자치도, 남원시가 공동으로 추진한 프로젝트였다. 전북가야의 천지개벽(天地開闢)이자 상전벽해(桑田碧海)이다.

장수 가야고분군도 확장등재가 추진되어야 한다. 백두대간 서쪽 유일한 가야 정치체로 가야의 영역을 금강 유역으로까지 넓혔고, 세계유산 가야고분군의 완전성과 진정성도 대부분 충족시켰다. 장수 가야고분군이 확장 등재될 때까지 전북가야의 탁월성을 꼭 기억하였으면 한다. 가야고분군 세계유산 등재를 계기로 영호남 화해와 화합의 기폭제(起爆劑)가 꼭 마련되었으면 한다.

남원 유곡리와 두락리 고분군이 세계적인 브랜드로 다시 태어났다. 가야고분군이 세계유산에 등재되기까지 송하진 전 지사와 이환주 전 시장의 가야 사랑을 잊을 수 없다. 전북도민의 성원과 행정당국의 지원, 학자들의 격려에 큰 감사를 드린다. 아직 전북에만 없는 가야박물관과 가야테마파크를 건립하여 전북을 찾는 세계인들을 맞이할 준비가 시작되었으면 한다.

16
백제와 신라의 20년 철의 전쟁

 조선 후기 실학자 정약용은 『다산시문집(茶山詩文集)』에서 "남도의 관방은 운봉이 으뜸이고 추풍령이 다음이다. 운봉을 잃으면 적이 호남을 차지할 것이고 추풍령을 잃으면 적이 호서를 차지할 것이며, 호남과 호서를 다 잃으면 경기가 쭈그러들 것이니, 이는 반드시 지켜야 할 관문인 것이다"라고 하였다. 다산의 고견처럼 운봉고원은 영호남 최고의 요해처(要害處)이자 관방의 으뜸으로 이를 실증해 주듯이 산성이 집중적으로 배치되어 있다.

 백두대간 치재는 운봉고원의 서북쪽 관문으로 그 남쪽에 철쭉제로 유명한 봉화산과 복성이재가 있다. 이 구간은 지형이 완만해 일찍부터 사람들의 왕래가 많아 줄곧 전략상 요충지를 이루어 백두대간 복성이재 남쪽 산봉우리에 남원 성리산성이 있다. 남원시 아영면 성리 상성마을 위쪽 산봉우리에 위치한 남원 성리산성을 아막성으로 본 전영래 교수의 고견이 널리 통용되고 있다. 전북고고학의 밑받침을 굳건히 다진 만고불멸(萬古不滅)의 공적 중 하나이다.

『삼국사기』에 두 번 등장하는 아막성은 둘레 640m로 운봉고원에서 그 규모가 가장 크다. 백두대간 산줄기 9부 능선을 따라 서쪽 성벽이 축조되었고, 백두대간에서 다시 동북쪽으로 갈라진 두 갈래의 산자락에 남쪽과 북쪽 성벽이 통과하며, 북벽은 산자락 사이 계곡부를 동서로 가로지른다. 이 산성 내 땅 밑에서 솟아 나오는 물이 풍부하여 산성이 들어설 수 있는 최적의 자연환경을 갖추었다.

이 산성은 운봉고원에 지역적인 기반을 둔 가야계 정치체인 기문가야에 의해 처음 초축되었다. 운봉고원 내 남원 건지리·월산리·청계리·유곡리와 두락리 가야 고분군 출토품과 흡사한 밀집파상문이 시문된 가야토기편이 산성에서 나왔기 때문이다. 가야계 산성은 본래 산정식(山頂式)으로 백두대간 산줄기 정상부 장타원형의 지형을 이용하여 산성의 성벽을 두른 것으로 추정되지만, 아직은 그 역사성이 학술 발굴조사로 검증되지 않았다. 전북 동부에서 밝혀진 장타원형의 평면 형태를 이룬 가야계 산성의 특징이 아막성에서도 다시 또 확인되었다.

6세기 중엽 경 신라가 가야계 산정식 산성을 포곡식(包谷式)으로 크게 증축하였다. 이 산성의 초축 및 증축 과정이 장수 침령산성과 거의 상통한다. 장수 침령산성은 금강 최상류에 지역적인 기반을 둔 반파가야에 의해 초축된 뒤 6세기 중엽 신라가 4배 이상으로 확장하였다. 가야와 백제, 신라, 후백제의 축성술을 모두 실견(實見)할 수 있다. 이 산성의 역사적, 학술적, 문화유산적 가치를 인정 받아 국가 사적으로 승격되었다.

 장수 침령산성의 성벽은 비교적 얇은 성돌을 가지고 바른층쌓기로 쌓았으며, 동문은 성벽 중단부에 걸친 현문식(懸門式)이다. 성벽 하단부에서 보축 시설도 확인되었다. 이 산성에서 서쪽으로 200m 가량 떨어진 산줄기 정상부에서 20여 기의 신라계 봉도분이 무리 지은 장수 춘송리 고분군이 있다. 신라는 무덤과 산성이 하나의 세트 관계를 이룬다. 역사고고학이 일군 큰 쾌거로 그 탁월성을 더 검증하기 위한 학제간 혹은 지역간 융복합 연구가 요망된다.

 백두대간 산줄기에 터를 잡은 아막성은 침령산성의 성벽 축조기법과 매우 흡사하다. 성벽은 바른층 쌓기 방식을 적용하여 수직으로 쌓았다. 성돌은 대부분 흑운모 편마암을 방형 혹은 장방형으로 상당히 정교하게 다듬었으며, 그 두께가 상당히 얇다. 성벽은 줄을 띄워 쌓았지만 그 모습이 품(品)자형을 이루지 않는다. 성돌과 성돌 사이는 틈이 거의 생기지 않을 정도로 아주 치밀하게 쌓았으며, 성벽 뒤채움은 가야계 산성과 달리 석재로 채웠다. 가야계 산성으로 밝혀진 장수 삼봉리 산성은 흙과 석재를 섞어 뒤채움하였다.

전북 동부에서 신라 유물의 보물창고가 아막성 집수시설이다. 이 산성 내 북쪽 기슭 하단부에서 동서로 긴 장방형의 집수시설이 조사되었다. 집수시설은 두께가 얇은 흑운모 편마암을 가지고 벽석을 수직으로 쌓았으며, 그 규모는 길이 950cm, 너비 710cm, 높이 250cm이다. 계단식 벽석은 북쪽을 제외하고 사방에 도수로를 둘렀고, 목주열이 집수시설 동쪽에서 확인되었다. 아직은 목주열의 구조와 그 성격이 상세하게 파악되지 않아 추가 발굴조사가 요청된다.

유물은 집수시설의 자연 퇴적층에서 토기류와 기와류, 목제 유물, 슬래그와 노벽편, 다양한 동물 유체 등이 출토되었다. 토기류는 신라토기가 유물의 절대량을 차지하고 있으며, 여기에 가야토기와 백제토기가 일부 섞여 있다. 백제 유물의 출토량이 많지 않은 것은, 기문가야를 복속시킨 백제의 통치 기간이 그다지 길지 않았음을 뒷받침한다.

옻나무 옻 액이 바닥에 붙은 상태로 신라토기가 나와 큰 관심을 끌었다. 이것과 흡사한 기종의 신라토기가 장수 춘송리 신라 고분군에서도 출토되었다. 남원 주요 특산품으로 유명한 남원 목기와 전통 옻칠 공예를 연구하는 데 귀중한 학술자료로 평가된다. 지금도 남원 목기는 남원의 핵심 토산품으로 운봉고원에서 생산된다. 남원 목기의 역사와 전통에 숙연한 마음이 든다.

『삼국사기』에 신라인들이 곰의 가죽으로 장군 깃발을 만들었다는 기록이 있다. 경주 월성 유적에서 나온 곰을 중심으로 소, 개, 고라니, 두루미, 백제 제의유적에서 나온 자라 뼈도 아막성 집수시설에서 출토되었다. 글씨가 새겨진 목간이 나왔지만 문자는 해독되지 않았다. 목검은 길이 80cm 내외의 온전한 형태이며, 다른 목제 유물도 상당량 쏟아졌다. 1300년 동안 물이 동물 뼈와 나무로 만든 수많은 유물을 온전하게 잘 지켜주었다.

산성 내 집수시설에서 노벽편과 슬래그가 나온 것은 매우 이례적이다. 이 산성에 대장간 혹은 공방지가 있었음을 유물로 암시해 준다. 아직은 아막성의 학술 발굴조사가 시작 단계에 불과하지만 운봉고원에 지역적인 기반을 둔 기문가야가 산성의 터를 처음 닦고 6세기 중엽 경 신라에 의해 포곡식 산성으로 증축된 것으로 파악되었다. 무령왕 때 백제를 부흥시킨 운봉고원의 철산지가 신라 영역으로 편입되었음을 말해준다.

554년 7월 백제가 신라에게 크게 패한 전쟁이 충북 옥천 관산성 전투다. 이 전쟁이 끝난 뒤 운봉고원 등 전북 동부 철산지의 주도권이 백제에서 신라로 대부분 넘어간다. 남원 유곡리와 두락리 36호분, 아영면 봉대리 2호분에서 나온 신라의 단각고배를 근거로 6세기 중엽 경 운봉고원이 신라의 영향권으로 편입되었음을 말해준다. 남원시 운봉읍 북천리 3호분, 남원 봉대리 봉토분 등이 또다시 운봉고원이 신라 영역이었음을 입증한다.

『삼국사기』 백제본기 무왕 3년조에는

"백제 무왕 3년(602) 가을 8월 왕은 좌평 해수에게 보병과 기병 4만 명을 보내어 신라의 아막성을 공격하였다. 신라 진평왕이 건품과 무은에게 정예 기병 수천 명을 보내 막아 싸우니, 우리(백제) 군사가 크게 패하였고, 해수는 겨우 죽음을 면하고 한 필의 말을 타고 혼자

돌아왔다."(『삼국사기』 백제본기 무왕 3년조).

라고 기록되어 있다. 백제 무왕은 왕위에 오른지 3년 만에 4만명의 보병과 기병을 동원하여 신라의 아막성을 공격하였다. 1차 아막성 전투는 백제의 참패로 끝났다. 신라가 운봉고원의 철산지 방비와 국경선을 방어하기 위해 아막성을 난공불락의 요새로 구축해 놓았기 때문이다. 2000년 유네스코 세계유산에 등재된 경주 명활산성보다 아막성을 훨씬 더 잘 쌓아 장수 침령산성과 함께 신라 축성술의 극치로 통한다.

그 이후에도 백제는 신라의 아막성을 탈환하기 위해 20년 넘게 치열한 전쟁을 벌였다. 616년에도 백제의 아막성 공격이 성공을 거두지 못하였고, 624년 백두대간 산줄기를 넘어 운봉고원을 다시 백제에 예속시킴으로써 경남 함양까지도 백제의 영향권으로 편입시켰다. 602년에 시작된 전쟁이 624년에 끝났다. 백두대간을 넘기 위해 20년 이상 지속된 아막성 전투는 운봉고원의 철산지를 수복하기 위한 철의 전쟁이었던 것 같다.

백두대간 품속 기문가야는 유적과 유물로 철기문화를 완성시킨 참 철의 왕국이었다. 백제 무령왕은 반파가야와의 3년 전쟁에서 승리를 거두어 기문가야를 복속시켰다. 곧이어 전북 동부에 봉화망을 구축한 반파가야를 멸망시킴으로써 521년 이후에는 기문가야와 반파가야가 더 이상 문헌에 등장하지 않는다. 전북 동부 철산지를 장악하는데 성공한 무령왕은 백제를 제2의 전성기로 이끌었다.

신선의 땅 운봉고원의 철산지를 신라가 지배한 기간은 70여 년 가량 된다. 신라에 빼앗긴 운봉고원의 철산지를 다시 되찾으려고 백제 무왕이 20여 년 동안 철의 전쟁을 이끌었다. 운봉고원을 되찾은 백제는 꽤 오랫동안 신라 공격이 소강상태를 이루었다. 신라와의 전쟁보다 운봉고원의 철산개발이 더 절실하였을 것으로 판단된다. 백제의 중흥 프로젝트를 추진하던 백제 무왕에게 운봉고원 철산지의 장악이 얼마나 간절하였던가를 말해준다.

운봉고원이 백제에 편입되었음에도 불구하고 백제계 혹은 후백제계 유물이 아막성에서 거의 출토되지 않았다. 그 까닭은 아막성의 위치와 관련이 깊다. 운봉고원을 중심으로 아막성은 서쪽에, 남원 성산리 합미성(合米城)은 동쪽 경계에 위치한다. 동시에 산성의 평면 형태와 성벽의 축조기법도 확연히 다르다. 아무래도 두 산성의 축성 주체가 서로 달랐음을 암시한다.

 운봉고원의 서쪽 방어를 위해 기문가야가 아막성의 터를 처음 닦고 초축한 뒤 신라에 의해 증축되었다. 현재의 성벽은 모두 신라계로 가야계 성벽의 축조기법은 확인되지 않는다. 운봉고원의 동쪽 관문이 팔령치로 그 북쪽에 남원 성산리 산성이 있는데, 경남 함양군에서는 함양 팔령산성 혹은 팔령치 산성으로 부른다.

 전북 남원시 인월면 성산리와 경남 함양군 함양읍 죽림리에 남원 성산리 산성이 양쪽에 걸쳐 있지만 대부분 함양군 관할에 속해 있다. 이곳에서 운봉고원이 거의 보이지 않고 함양읍 일원이 잘 조망되어 운봉고원의 동쪽 방어를 위해 축성되었을 것으로 추정된다. 그렇게 본다면 기문가야 혹은 신라는 지정학적 혹은 전략적으로 팔령치 부근에 산성을 축성할 필요가 없게 된다.

 남원 성산리 산성은 두 갈래로 갈라진 산자락과 남쪽 골짜기를 가로지르는 포곡식으로 남쪽 성벽이 넓고 북쪽이 좁아 사다리꼴의 평면 형태를 이룬다. 성벽은 서벽 일부를 제외하면 대부분 무너져 내렸으며, 성돌은 크기와 두께가 일정하지 않지만 상당히 크고 두

꺼운 것도 상당수 포함되어 있다. 이 산성의 평면 형태와 성벽의 축조기법이 다음에 설명할 남원 성산산성 등 백제계 산성의 특징을 골고루 담고 있다.

현지조사 때 기벽의 두께가 다양한 회청색 경질토기편을 제외하면 기와편이 수습되지 않았다. 이 산성의 평면 형태와 성벽의 축조기법이 전북 동부 가야계 산성과 큰 차이를 나타낸다. 가야계 산성은 장타원형의 평면 형태와 성벽을 허튼층쌓기 방식으로 쌓고 흙과 석재로 뒤채움하였다. 따라서 운봉고원의 동쪽 방어를 위해 백제에 의해 초축되고 후백제 때 다시 수축되면서 달리 합미성으로도 불리게 된 것이 아닌가 싶다. 장수 합미산성 등 후백제에 의해 수축된 산성은 대부분 합미성으로 불린다.

『삼국사기』에 아막성과 가잠성(椵岑城)이 한 세트로 나온다. 솔직히 두 산성은 실과 바늘처럼 한 묶음으로 문헌에 등장한다. 전북 동부는 전쟁이 잦았다. 신라 아막성에서 전쟁이 멈추면 얼마 뒤 가잠성에서 백제와 신라의 전쟁이 다시 일어난다. 장수 침령산성을 가잠성으로 본 국립군산대학교 박물관 조명일 주장이 발표되어 학계의 이목을 집중시켰다. 20년 이상 이어진 아막성과 가잠성의 격렬한 전투는 전북 동부 철산지 관할권을 두고 벌어진 백제와 신라의 철의 전쟁이었다. 아무리 생각해도 양국의 철의 전쟁은 철산지를 차지하려는 대충돌(大衝突)이었다.

17
남원 성산산성, 백제 각산성 실증

『삼국사기』에 각산성(角山城)이 두 번 등장한다. 602년 백제는 아막성 전투에서 크게 패한 뒤 신라의 방어를 위해 2년 반 동안 각산성을 쌓았다. 위에서 설명한 것처럼 운봉고원의 서북쪽 관문 백두대간 치재·복성이재·성재 부근에 자리한 남원 성리산성을 아막성으로 비정한 전영래 교수의 탁견(卓見)이 학계의 정설로 통한다. 아막성 등 전북 동부에서 축적된 고고학 자료를 문헌에 접목시켜 각산성의 위치를 다시 추론하고자 한다.

『삼국사기』백제 본기 무왕 6년(605)조에

"봄 2월에 각산성(角山城)을 쌓았다. 가을 8월에 신라가 동쪽 변경을 쳤다."

라고 기록되어 있다. 신라는 백제의 각산성이 완공되고 6개월 뒤 백제의 동쪽 변경을 공격하였다. 일찍부터 각산성에 대한 학계의 관심이 높아 그 위치 비정과 관련하여 부여 청마산성, 임실 성미산성, 정읍 갈현, 진안 선각산으로 본 주장이 있는데, 임실 성미산성이 가장 큰 지지를 받고 있다. 그러나 임실 성미산성을 문헌에 접목시켜 분석해 보면 산성의 위치가 문헌의 내용에 부합되지 않아 추가 논의가 불가피한 상황이다.

임실 성미산성은 학술 발굴조사를 통해 그 역사성이 검증되었다. 섬진강과 접한 성미산(430m)에 임실 성미산성이 있는데, 지형이 완만한 서쪽 기슭을 아우르는 산정식이다. 산성의 평면 형태가 사람의 왼쪽 발바닥과 거의 흡사한 모양으로 둘레 517m이다. 백제 무왕 때 쌓은 각산성으로 학계에 보고되었는데, 종래의 발굴조사에서 성벽의 축조기법과 집수시설, 문지 등이 조사되었다.

섬진강을 중심으로 남쪽에는 임실 성미산성, 북쪽에는 임실 대리산성·방현리 산성 등 백제계 산성이 배치되어 있다. 이 산성의 정상부에서 가야계 봉화시설로 추정되는 장방형 평탄지와 밀집파상문이 시문된 가야토기편도 출토되어, 반파가야에 의해 초축되었을 가능성도 배제할 수 없다. 성벽은 크기가 일정하지 않은 할석을 가지고 허튼층쌓기 방식으로 쌓았다. 산성의 서남쪽 기슭에서 2기의 원형 집수시설이 확인되었는데, 유구의 속성은 공주 공산성 등 백제계 집수시설과 상통한다.

그런데 남원 성산산성은 각산성과 관련 문헌의 내용을 대부분 충족시킨다. 사비기 백제 고룡군(古龍郡)의 행정 치소가 남원시 이백면 초촌리·척문리 일대로 섬진강 유역에서 백제의 지방 거점으로 백제계 분묘유적과 관방유적이 골고루 산재해 있다. 200여 기의 백제계 횡혈식 석실분이 무리 지은 남원 초촌리 고분군과 백제계 산성으로 밝혀진 남원 척문리 산성이 이를 뒷받침한다.

백두대간 여원치·입망치 서쪽 기슭에서 발원하여 서쪽으로 흐르는 백암천을 중심으로 남쪽에 남원 초촌리 고분군이, 북쪽에 남원 척문리 산성이 위치한다. 후자는 백제에 의해 초축된 포곡식으로 둘레 567m이며, 집수시설은 상부가 말각장방형, 하부가 장방형으로 15~16단 높이로 수직에 가깝게 쌓았다. 유물은 다수의 목간을 중심으로 토기류와 철기류, 기와류 등으로 다양하며, 토기류는 삼족토기, 개배, 대호로 그 시기가 사비기에 해당한다.

남원 초촌리·척문리 일대는 백제 고룡군의 행정치소이자 5방성 중 남방성(南方城)으로 비정된 곳이다. 이곳은 운봉고원과 장수군으로 향하는 두 갈래의 옛길이 나뉘는 분기점이다. 전북 동부 철산지를 국가에서 직접 관할하기 위해 백제가 남원에 남방성을 설치하고 백두대간 동쪽 운봉고원으로 진출하기 위한 전략상 교두보(橋頭堡)로 삼은 것이 아닌가 싶다.

이때부터 남원이 섬진강 유역에서 정치·경제·문화의 중심지로 발돋움하기 시작하였다. 685(신문왕 5)년에 남원 소경을 설치하면서 현재의 남원읍성으로 이전할 때까지 내내 거점을 이루었다. 몇 차례의 학술발굴조사에서 7세기 말엽 이전의 유물이 출토되지 않아 남원 소경을 설치하면서 요천을 따라 제방을 쌓고 신도시로 개발된 것이 아닌가 싶다.

그렇다면 남원 척문리 산성과 신라 아막성 사이에 백제 각산성이 자리하고 있을 개연성이 충분하다. 이 두 산성 사이에 남원 성산산성이 있다. 남원시 산동면 소재지 서쪽 성산으로 신라 아막성과 백제 척문리 산성의 중간 지점이다. 이 산성에서는 동쪽의 아막성과 서쪽의 척문리 산성이 잘 조망된다.

남원 성산산성은 백두대간 영취산 무룡샘에서 발원

해 서쪽으로 흐르는 요천 북쪽 산봉우리에 위치하며, 운봉고원으로 향하는 옛길이 통과하는 길목이다. 더군다나 산의 형국이 연화산에서 성산을 지나 요천까지 뻗어내려 그 형국이 직삼각형으로 마치 동물의 뿔을 연상시킨다.

아직은 한 차례의 발굴조사도 이루어지지 않았지만 산성의 특징은 전형적인 백제계 산성이다. 이 산성은 성산 양쪽 기슭을 따라 성벽을 둘러 그 평면 형태가 거의 방형을 이룬다. 임실 대리산성·월평리산성, 진안 환미산성도 백제계 산성으로 그 평면 형태가 방형이다. 전북 동부에서 그 존재를 드러낸 가야계 산성은 평면 형태가 대부분 장타원형 혹은 세장방형을 이루고 있는 것과 확연히 다르다.

성벽의 축조기법도 가야계 산성과 차이를 보인다. 장수 삼봉리 산성, 완주 종리 산성 등 가야계 산성은 그 크기가 일정하지 않은 할석을 가지고 허튼층쌓기 방식을 적용하여 벽석을 쌓았고, 성돌과 성돌 사이는 쐐기돌로 메꾸었다. 남원 성산산성은 대부분 천석(川石)을 가지고 수직으로 쌓고, 가야계 산성에서 전혀 확인되지 않은 치(雉)가 서북쪽 성벽에서 확인되어 뚜렷한 차이를 보인다.

이 산성에서 남쪽으로 200m 가량 떨어진 산자락 정상부에 연화문 대좌(臺座)가 있다. 운봉고원으로 향하는 옛길이 한눈에 잘 조망되는 곳이다. 연화문은 단판 복련으로 그 조각 기법이 익산 미륵사지 석등 하대석과 흡사하다. 이 산성은 위치와 평면 형태, 성벽의 축조기법과 치의 존재, 연화문 하대석 등을 근거로 전형적인 백제계 산성으로 문헌의 내용과 거의 일치한다. 더군다나 성산은 동물의 뿔처럼 각산(角山)을 닮았다.

 신라 무열왕 8년(661)에 각산이 다시 또 등장한다.

"661년 여름 4월 19일에 군사를 돌이켰는데, 대당(大幢)과 서당(誓幢)이 먼저 가고 하주(下州)의 군사는 맨 뒤에 가게 되었다. 빈골양(賓骨壤)에 이르러 백제의 군사를 만나 서로 싸웠지만 패하여 물러났다. 죽은 사람은 비록 적었으나 병기와 짐수레를 잃어버린 것이 매우 많았다. 상주(上州)와 낭당(郞幢)은 각산(角山)에서 적을 만났으나 진격하여 이기고, 드디어 백제의 진지에 들어가서 2천 명의 목을 베었다"(『삼국사기』 신라본기 무열왕 8년조).

라고 기록되어 있다. 신라 대군이 회군할 때 뒤에 처

진 하주군이 빈골양에서 백제군에게 대패하였지만 상주랑당은 각산에서 적을 만나 크게 이겼다는 내용이다. 정읍 고부를 출발해 경주까지 이어진 옛길은 그다지 복잡하지 않다. 호남정맥 구절재 혹은 가는정이를 넘으면 섬진강 유역에 진입하고, 임실 월평리 산성에서 다시 백두대간 복성이재를 넘으면 운봉고원에 당도한다. 이 경로는 임실 월평리 산성과 남원 성산산성을 꼭 거쳐야 한다.

임실 월평리 산성은 교통의 중심지이자 전략상 요충지를 이루었다. 이 산성은 사통팔달하였던 교통의 중심지로 경상도로 향하는 옛길이 시작되는 분기점이다. 금강 최상류 진안 와정 토성을 경유하여 진안고원을 종단하는 옛길과 만경강 유역에서 호남정맥의 슬치를 넘어 온 옛길이 만난다. 백두대간 치재를 넘어 운봉고원을 거쳐 경남 서부지역으로 향하는 옛길과 호남정맥 석거리재를 넘어 고흥반도까지 이어진 옛길, 동진강 하구의 가야포까지 이어진 옛길이 나뉘는 분기점이다.

임실 월평리 산성에서 한치를 넘으면 장수 거녕성을 거쳐 남원 성산산성까지 손쉽게 나아 갈 수 있다. 그러나 섬진강 최상류에 위치한 임실 성미산성은 정읍에서 경주까지 이어진 옛길이 경유하지 않는다. 정읍 고부 등 전북 서부에서 경주로 향하던 옛길도 남원 성산산성이 각산성이라는 개연성을 더욱 높였다.

백제 무왕은 익산에서 두 가지의 국가전략을 펼쳤다. 하나는 운봉고원 등 전북 동부 철산지 탈환을 위한 신라와 철의 전쟁을 수행하기 위해 익산을 전략상으로 중요시하였던 것 같다. 종래의 익산 천도설(遷都說), 별도설(別都說), 이도설(移都說) 등이 백제 중흥을 위한 무왕의 중흥 프로젝트와 관련이 있을 것으로 점쳐진다.

백제의 중흥 프로젝트가 추진되는 동안 익산을 정치 중심지로 삼지 않았을까? 이 무렵 전북 동부에서 백제와 신라의 전쟁이 잇따라 자주 일어났던 것 같다. 앞에서 이미 설명한 아막성과 가잠성의 20여 년 전쟁을 전북 동부 철산지를 차지하기 위한 철의 전쟁으로 보았다. 『삼국사기』 등 문헌에는 아막성과 가잠성이 바늘과 실처럼 서로 불가분의 관계를 보이면서 함께 등장한다.

다른 하나는 운봉고원의 철산지를 탈환하는데 성공한 무왕이 전북 동부 철산개발로 익산 미륵사와 제석사, 왕궁 등 대규모 국책사업을 수행하였을 것으로 추측된다. 여기에 군산을 중심으로 한 전북 서해안에서 생산된 소금도 백제 부활의 밑거름이 되었을 것이다. 한반도에서 학계에 보고된 600여 개소의 패총 중 200여 개소가 군산 등 전북 서해안에 밀집 분포되어 있다. 아마도 새만금 일원 소금 생산과 유통으로 구축된 해양 활동의 소산물이 아닌가 싶다.

전 세계적으로 소금 생산 방식은 암염(巖鹽)과 자염(煮鹽), 천일염(天日鹽), 정제염(精製鹽) 등이 있으며, 천일염은 다시 바닥면을 시설한 재료에 따라 토판염(土版鹽)과 옹기염, 장판염, 타일염 등으로 세분된다. 전북 서해안은 갯벌을 다지고 햇빛과 바람으로 소금을 생산하던 토판염이 들어설 수 있는 최적의 자연환경을 갖추었다. 더욱이 금강·만경강·동진강 등 내륙 수로와 바닷길이 그물망처럼 잘 갖춰져 선사시대부터 내내 물류의 중심지이자 교역망의 허브를 이루었다.

따라서 전북의 동철서염을 국가시스템으로 구축한 주인공이 백제 무왕으로 판단된다. 전북 동부에서 발견된 300여 개소의 제철유적과 군산 등 전북 서해안에서 학계에 보고된 200여 개소의 패총에 그 근거를 두었다. 신선의 땅 운봉고원 등 전북 동부의 철산개발은 지리산 달궁계곡 마한왕부터 전북가야를 거쳐 통일신라, 후백제까지 천년 동안 쉼 없이 지속되었다. 그리하여 전북 동부를 기어이 한반도 고대문화의 용광로로 연출하였다.

이상에서 논의된 내용을 종합하면 각산성은 남원 성산산성으로 추정된다. 이 산성은 아막성과 남원 척문리산성 중간 지점에 위치하고 있으면서 산성의 평면 형태가 방형으로 전형적인 백제계 산성이다. 성벽은 대부분 천석을 가지고 허튼층쌓기 방식으로 수직으로 쌓았으며, 치(雉)도 서북쪽 성벽에서 확인되었다. 전북 동부에서 그 규모가 상당히 큰 백제계 산성이다.

무엇보다 정읍에서 출발해 호남정맥과 백두대간을 넘어 경주까지 이어진 옛길이 통과하는 길목에 위치하고 있으면서 성산(城山)의 형국도 동물의 뿔처럼 각산(角山)을 이룬다. 아직은 학술 발굴조사가 시작되지 않았지만 문헌의 내용을 고고학 자료로 대부분 충족시켰다. 향후 남원 성산산성과 각산성의 연관성을 고증 및 검증하기 위한 학술 발굴조사가 추진되었으면 한다.

18
신라, 운봉고원에 국력을 쏟았다

554년 7월 충북 옥천 관산성 전투가 전북 고대사의 판도를 크게 바꾸어 놓았다. 백제는 불의(不意)의 성왕 전사로 관산성 전쟁에서 참패하였다. 5세기 말엽 경 백두대간을 넘어 무주군 철산지로 진출해 있었던 신라가 절호의 기회를 놓치지 않았다. 이때부터 신라가 전북 동부 철산지에 거의 모든 국력을 쏟아부었다.

이 무렵 신라는 전북 동부 철산지를 쓰나미처럼 장악한 뒤 장수 침령산성을 4배 이상으로 확장하였다. 이때 장수 침령산성을 포곡식으로 크게 증축한 뒤 금강 최상류를 관할하기 위한 거점성(據點城)이자 교두보로 삼았다. 『삼국사기』 등 문헌에는 전북 동부로 신라의 진출이 확인하지 않지만 역사고고학으로 밝혀낸 역사적 사실이다.

장수 침령산성이 신라계 산성으로 밝혀져 학계의 이목을 집중시켰다. 성벽은 줄을 띄워 바른층쌓기로 곧게 쌓았는데, 남쪽 성벽의 최대 높이가 12m 내외로 전북의 산성에서 가장 높다. 산성 부근에서 채석한 흑운모 편마암을 잘 다듬은 성돌은 그 두께가 상당히 얇다. 성벽 하단부에서 보축 시설도 확인되었으며, 동쪽 성문은 현문식이다. 모두 다 신라 산성의 특징들로 최고의 축성술을 자랑한다.

전북 동부 철산지의 지배권이 신라에서 백제로 바뀌었다. 백두대간 동쪽 운봉고원 철산지를 되찾은 백제는 꽤 오랫동안 신라 공격이 소강상태를 이룬다. 백제의 중흥 프로젝트를 추진하였던 백제 무왕에게 전북 동부 철산지의 장악이 얼마나 절실하였던가를 말해준다. 장수군 등 전북 동부 철산지는 익산 백제를 건설하는데 필요한 백제 국력의 원동력이었다.

신라계 산성은 산성과 고분군에 서로 세트 관계를 이룬다. 2024년 장수 춘송리 4호분이 신라계 횡구식 석실묘(石室墓)로 밝혀졌다. 이 고분은 봉분의 직경 18m 내외로 도굴의 피해를 입지 않았다. 본래 지형을 잘 다듬고 지형에 맞춰 대규모로 흙을 쌓아 기초부가 마련되었고, 기초부 안쪽에 시신을 모시는 매장공간이 마련되었다. 부장품을 넣고 무덤 주인공의 시신을 모시고 봉분을 만들었다.

매장공간은 길이 3.3m, 너비 1.2m로 남북으로 장축 방향을 두었다. 벽석은 길이 30㎝ 내외의 할석(割石)을 이용하여 가로와 모로 쌓기 방식으로 쌓았으며, 매장공간은 10여 매의 뚜껑돌로 덮었다. 남벽은 모로 쌓기 방식으로 쌓아 벽면의 내부가 고르지 않다. 매장공간 서쪽에 시신을 모신 목관과 유물을 부장하기 위한 관대가 마련되었다.

유물은 대부장경호(臺附長頸壺), 고배(高杯), 병(甁) 등 22점의 신라토기와 도자(刀子), 관못(棺釘) 등 10점의 철기류가 출토되었다. 종래에 경주 일원에서만 나온 훈(壎)과 신라 위신재로 알려진 허리띠 장식이 포함되어 학계의 이목을 집중시켰다. 당시 신라계 핵심 유물이 거의 다 나왔다.

무엇보다 훈은 흙으로 빚은 악기로 신라인의 독특한 장례 문화를 보여주는 귀중한 유물이다. 허리띠 장식은 무덤 주인공의 신분과 위세를 상징하는 유물로 관복(官服)에 착용되었다. 훈과 허리띠 장식은 신라가 장수군 철산지를 각별하게 인식하였음을 알려준다. 신라 유물이 장수군의 위상과 중요성을 또다시 확인시켰다.

신라계 분묘유적은 산성과 서로 세트 관계를 이룬다. 장수 춘송리 4호분에서 나온 신라계 유물은 장수 침령산성 출토품과 속성이 서로 일치하여 무덤의 피장자가 침령산성과 관련이 깊은 인물로 추정된다. 신라는 장수군 등 전북 동부 철산지를 장악한 뒤 침령산성을 4배 이상으로 증축하고 그 부근에 신라계 대규모 분묘유적을 남겼다.

앞에서 언급하였듯이 충북 옥천 관산성 전투가 끝난 뒤 운봉고원 등 전북 동부 철산지의 주도권이 백제에서 신라로 바뀌었다. 남원 유곡리와 두락리 36호분, 아영면 봉대리 2호분에서 나온 신라의 단각고배를 근거로 6세기 중엽 경 운봉고원이 신라의 영향권으로 편입되었음을 말해준다. 남원시 운봉읍 북천리 3호분, 남원 봉대리 봉토분 등이 또다시 운봉고원이 신라 영역이었음을 입증하였다.

남원 유곡리와 두락리 36호분은 백제계 횡혈식 석실분으로 남쪽 기슭 하단부에 위치한다. 모든 가야 영역에서 유일하게 네 벽석을 줄여 한 매의 천정석으로 덮은 궁륭상 천정식으로 가야 고총의 내부 구조가 가야계 수혈식에서 백제계 횡혈식으로 바뀌었다. 이 고총은 6세기 초엽 이른 시기 기문가야가 백제에 정치적으로 복속되었음을 말해준다.

일제 강점기부터 시작된 극심한 도굴로 유물은 신

라토기편과 두세 사람분의 인골이 수습되었다. 신라토기는 6세기 중엽 경으로 기문가야가 백제에 복속된 이후에도 6세기 중엽까지 추가장(追加葬)이 이루어졌음을 유추해 볼 수 있다. 남원 유곡리와 두락리 36호분은 기문가야의 멸망과 함께 백제와 신라의 역학관계를 일목요연하게 담고 있다.

남원시 아영면 봉대리에서 6세기 중엽 경 신라 고분이 조사되었다. 백두대간 산줄기에서 남쪽으로 뻗은 산자락으로 시상대가 마련된 신라계 횡구식 석곽묘(石槨墓)이다. 다행히 가야토기와 백제토기, 신라토기가 서로 섞인 상태로 나와 철산지로서 운봉고원의 위상을 드높였다.

남원 봉대리 고분군에서 동쪽으로 600m 떨어진 산자락 정상부에 봉분의 직경이 15m 내외되는 신라계 봉토분이 무리 지어 있다. 장수 춘송리 신라계 고분군과 동일 시기에 만들어진 신라계 핵심 분묘유적이다. 아직은 신라계 대형고분을 대상으로 발굴조사가 미진하지만 신라가 장수군 못지않게 운봉고원에 대한 인식이 각별하였음을 알 수 있다.

남원시 운봉읍 소재지에서 동쪽으로 1.5km 거리를 둔 산자락에서도 신라계 고분이 조사되었다. 운봉고원에서 신라계 분묘유적은 아영분지가 아닌 운봉읍 일원에 집중적으로 산재해 있다. 6세기 중엽 경 운봉고원이 신라에 편입된 이후 정치 중심지가 아영분지에서 운봉읍 일대로 이동되었음을 알 수 있다. 그리하여 『삼국사기』에 남원시 운봉읍이 신라의 모산현으로 나온다.

19
한반도 철불의 본향, 남원 실상사

 석가모니(釋迦牟尼)는 불교의 창시자로 성은 고타마(Gautama), 이름은 싯다르타(Siddhartha)이다. 네팔 중부 석가족의 중심지 카필라성에서 정반왕과 마야부인의 아들로 태어났다. 29세 때 인생의 고뇌 해결을 위해 출가하여 6년 동안 고행한 뒤 35세에 부다가야의 보리수(菩提樹)나무 아래에서 깨달음을 얻었다. 45년 동안 인도 각지를 두루 다니면서 포교하다가 80세에 쿠시나가라에서 입적하였다.

 석가모니의 다른 이름이 부처로 불상(佛像)은 부처의 형상을 표현한 조형물을 말한다. 나무·돌·쇠·흙 따위로 만든 부처의 소상(塑像)이나 화상(畫像)을 통틀어 이르는 말이다. 달리 불도를 깨달은 성인이라는 의미의 부처, 불체(佛體), 불신(佛身)으로도 불린다.

 불교에서 석가모니(釋迦牟尼) 열반 후 500년 동안을 무불상(無佛像)시대라고 한다. 이 기간 동안 부처의 모습을 형상으로 그리거나 조각의 행태로 표현하지 않앉다는 의미이다. 그 대신에 불교를 석가모니의 사리나 유골을 모신 스투파인 탑(塔), 법륜(法輪), 석가모니가 보리수 밑에서 도를 닦을 때 앉았던 금강좌(金剛座), 보리수나무, 우산 모양의 산개(傘蓋), 좌대(座臺) 등으로 표현하였다.

1세기 경 인더스강 상류 간다라에서 불상이 최초로 만들어지기 시작한다. 인도 사람들이 전해 준 불교와 알렉산더대왕의 헬레니즘 문화가 하나로 응축되어 불상이 등장한다. 불상은 동양의 신앙심과 서양의 신상 기술의 어울림이다. 실크로드로 중국을 거쳐 우리나라에 불상이 전해져 통일신라 하대 때 처음으로 철불이 한반도에서 처음 등장한다.

한반도에서 철불, 즉 쇠부처님의 고향은 어딜까? 백두대간 품속 운봉고원 내 실상사가 가장 유력한 후보지로 꼽힌다. 앞에서 이미 신선의 땅으로 소개된 운봉고원은 한반도에서 단일 지역 내 제철유적의 밀집도가 가장 높은 대규모 철산지로 40여 개소의 제철유적이 그 존재를 드러냈고, 천년 동안 한반도 거의 모든 철제품이 만들어진 철의 테크노밸리였다.

우리 선조들이 철에 장인의 혼을 불어넣어 예술적인 작품으로 승화시킨 것이 철불이다. 통일신라 말에서 고려 초까지 선종의 영향을 받아 철로 만든 철불이 널리 유행하였다. 운봉고원 내 실상사 철조여래좌상을 비롯하여 72체(體)의 철불이 남아있다.

남원 실상사는 선종 구산선문(九山禪門) 최초로 개창된 실상산문(實相山門)의 본사로 흥덕왕 3년(828) 당나라에서 귀국한 홍척(洪陟)에 의해 창건된 사찰이다. 흥덕왕은 김헌창의 난 때 동조 세력이 많았던 남원의 민심을 수습하기 위해 홍척을 국사로 삼고 실상사의 창건을 후원하였다. 실상사는 백장암과 약수암, 서진암 등 많은 암자를 거느린 거찰(巨刹)이었다.

840년 홍척국사 입적 이후 제자 수철(秀澈)이 실상산문의 2대조에 올랐고, 문성왕의 후원으로 실상사의 사역을 확장하는 과정에 철불이 조성된다. 문성왕의 후원을 받은 수철은 당시 빈번하게 일어났던 전쟁으로부터 사찰을 보호하고 나아가 남원전쟁에서 억울하게 희생당한 망자의 혼을 달래기 위해서 철불이 조성되었다는 것이다.

기원전 84년 마한왕부터 후백제까지 천년 동안 철기문화가 계기적으로 융성하였던 운봉고원은 철광석의 제련과 철제품의 가공 기술이 하나로 응축된 곳이다. 4세기 말엽 경 마한왕의 후예들이 가야문화를 받아들여 가야계 소국으로까지 발전하였다. 운봉고원에 지역적인 기반을 두었던 가야계 소국, 즉 기문가야는 동북아를 아우르는 위세품을 거의 다 모아 국내외 학자들의 이목을 집중시켰다.

2023년 기문가야 지배자 잠든 남원 유곡리와 두락리 고분군이 세계유산으로 등재되어, 운봉고원 철기문화의 탁월성과 진정성이 국제적으로 인정을 받았다. 우리나라 가야고분군이 세계유산에 등재되는데 운봉고원의 철기문화가 결정적인 공헌을 하였다고 해도 과언이 아니다. 신선의 땅 운봉고원은 전 세계적으로 극히 이례적인 고대 철기문화의 메카로서 유네스코 세계유산 심사단의 평가를 받았다.

철의 왕국 기문가야기 백제에 정치적으로 복속되고 300년 뒤 운봉고원 내 남원 실상사에서 철불이 처음으로 만들어진다. 남원 실상사는 한반도 철불의 간다라로 통한다. 우리말로 철불은 달리 쇠 부처님으로도 불린다. 쇠 부처님이 운봉고원 내 실상사에서 처음 등장하게 된 역사적인 혹은 종교적인 배경은 무엇일까?

양나라 때 달마 대사가 중국에 전해 준 선종(禪宗)은 참선으로 자신의 본성을 구명해서 성불함을 목표로 하는 종파이다. 선종의 구산선문 중 최초로 문을 연

남원 실상사는 실상산문의 본사이다. 흥덕왕 3년(828) 당나라에서 귀국한 홍척(洪陟)에 의해 창건된 사찰이다. 홍척이 중국에서 유학할 때 중국에서 쇠부처님이 널리 유행하였다. 운봉고원의 철기문화와 홍척의 신앙심이 하나로 결집되어 태어난 걸작품이 실상사 철불이다.

남원 실상사 철조여래좌상은 그 보존상태가 양호하고 높이 273.59cm의 대형 불상으로 통일신라 선종불교의 기념비적인 불상이다. 옆으로 뻗은 눈과 짧은 코, 두툼한 입술, 길게 늘어진 귀에 신라하대의 불상 양식이 잘 표현되어 있다. 불상의 어깨와 배 위에 새겨진 층이 진 두꺼운 띠 주름의 표현에서 신라하대 널리 유행하였던 불교 조각의 특징이 뚜렷하다.

실상사 철조여래좌상은 그 보존상태가 양호하고 높이 273.59cm의 대형 불상으로 통일신라 선종불교의 기념비적인 불상으로 평가받고 있다. 실상사 철조여래좌상이 우리나라 철불의 첫 장을 열었음에도 불구하고 그 조성 배경과 관련하여 운봉고원의 내부적인 요인에 대한 논의가 거의 없었다.

실상사에서 철불이 최초로 조성된 배경과 관련해서는 외부에서만 그 요인을 찾았다. 육두품이하 일반 대중의 신앙을 비롯하여 해상왕 장보고(張保皐) 선단의 해상 활동으로 신라 유학승들이 귀국하여 불상 재료의 인식 변화로 철불이 제작되었다는 것이다. 갑작스런 장보고 선단의 몰락으로 대형불상을 주조하는 데 필요한 청동의 공급이 원활하지 못하였다는 사회상도 자주 언급되었다.

당시 널리 유행하였던 풍수지리나 비보사상에 의거 철불을 봉안함으로써 사찰의 터를 진압하고 사찰을 수호하려는 목적도 담겨있다. 그렇지만 이제까지는 사회·경제적인 측면을 중심으로 사상적인 요인과 같은 외부에서만 그 조성 원인을 찾았다.

그렇다면 중국 문물에 익숙한 신라 유학승들의 불상 재료에 대한 인식의 변화와 함께 운봉고원 최고의 주조 기술 등 당시 사회·경제·사상·기술적 요인이 복합적으로 작용하였을 것으로 점쳐진다. 다시 말해 신라 왕실의 후원으로 실상사 사역을 확장하는 과정에 당시 철의 테크노밸리로 융성하였던 운봉고원의 내부적인 요인도 철불의 탄생에 상당히 기여하였을 것으로 추정된다.

우리나라의 철불 중 가장 이른 시기에 조성된 철불의 효시(嚆矢)로 평가받고 있다. 그리하여 운봉고원 내 실상사는 철불의 요람이자 철불의 고향이다. 당나라로 유학을 다녀온 유학승의 신앙심과 운봉고원 철의 장인들의 주조 기술이 하나로 합쳐져 철불을 탄생시킨 것이다. 전라도에 속한 선종 구산선문 중 실상산문을 시작으로 동리산문(銅裏山門)의 태안사와 가지산문(迦智山門)의 보림사, 임실 진구사지에 철불이 계속해서 만들어졌다.

1996년부터 시작된 학술 발굴조사에서 철불을 안치하였을 것으로 추정되는 신라하대 건물지가 보광전(普光殿) 아래층에서 확인되었다. 이 건물지는 정면 5칸, 측면 4칸으로 내부 면적이 99평에 달한다. 창건 당시 실상사의 가람은 중문지와 석탑지, 금당지, 강당지가 남북으로 배치되었고, 몇 개의 건물지와 회랑지가 동서로 나란히 터를 잡았다.

본래 보광전에 주존으로 봉안된 철조여래좌상은 1680년 실상사를 중창(重創)하는 과정에 현재의 약사전(藥師殿)으로 옮겨진 것으로 추정된다. 실상사 약사전에는 고려시대를 거쳐 조선시대에 이르러 폐사(廢寺)와 여러 차례의 중창이 반복되면서 조선 후기부터 철조여래좌상이 봉안된 것으로 밝혀졌다. 실상사 철불은 운봉고원 등 전북 동부에서 천년 동안 번창하였던 철기문화의 화룡점정(畵龍點睛)이자 최고의 걸작품이다.

20
후백제 국력의 화수분, 운봉고원

 언제부터 운봉고원 내 제철유적이 개발되었는지, 아직은 기록이 없고 학술 발굴조사도 거의 이루어지지 않아 그 시기를 속단할 수 없다. 삼국시대 때 철산 개발은 어떤 세력집단의 발전을 촉진하는데 경제적인 원동력의 하나로 해석되고 있다. 그리하여 당시 제철유적을 장악하였던 가야 소국들은 대부분 중심세력으로 도약하였다. 운봉고원은 대규모 철산지로 밝혀졌음에도 불구하고 대가야의 변방 혹은 지방으로만 통용되고 있다.

 『세종실록지리지(世宗實錄地理志)』에 67개소와 『동국여지승람』에 83개소의 조선시대 철산지가 일목요연하게 잘 소개되어 있다. 운봉고원 내 40여 개소의 제철유적은 한 곳도 그 이름을 올리지 못하였다. 황해 재령, 충북 충주, 울산 달천이 한반도 핵심 철산지로 소개될 때 운봉고원 등 전북 동부는 단 한 번도 초대를 받지 못하였다.

2010년대부터 전북 동부에서 그 존재를 드러낸 300여 개소의 제철유적은 문헌에 전혀 등장하지 않기 때문에 고려시대 이전에 개발되었을 개연성도 충분하다. 운봉고원에서 산더미처럼 쌓인 고고학 자료에 의하면 지리산 달궁계곡에서 처음 시작된 운봉고원 철산개발이 후백제까지 이어졌을 개연성이 높다는 것이다.

 후백제 때 운봉고원 철산지에 대한 국가 차원의 후원이 각별하였음을 짐작할 수 있다. 남원 실상사 편운화상승탑(片雲和尙僧塔)에 후백제 연호인 정개(正開)가 등장한다. 정개는 바르게 연다 혹은 올바르게 펼친다는 의미로 현존하는 유일한 후백제 기록이다. 실상사 제3대 조사 편운화상은 홍척국사의 첫 번째 제자로 생전에 후백제를 적극 후원하였다.

 실상사에서 서남쪽으로 300m 가량 떨어진 조개암지에 편운화상승탑이 있다. 실상사 경내에 소재한 수철화상탑, 증각대사탑과 달리 부속 암자에 터를 잡았다. 이 부도는 향완(香垸)을 형상화한 승탑으로 삿갓 모양의 지붕돌 양쪽이 서로 대칭되게 훼손되어 몹시 답답하고 안타까운 마음이 든다. 아마도 편운화상의 후백제 사랑의 상처가 아닌가 싶다.

승탑 탑신부에는 '창조홍척융제자 안필창조 편운화상부도 정개십년경오세건(創祖洪陟隆弟子 安筆創祖 片雲和尙浮圖 正開十年庚午歲建)'이라고 음각되어 있다. 이것을 해석하면 "910년 실상사 창건조인 홍척국사의 제자이자 성주 안봉사를 창건한 편운화상승탑을 세웠다"라는 내용으로, 정개십년은 하나밖에 없는 후백제 연호이자 간지이다. 2022년 승탑이 국가 보물로 지정되었다.

남원 실상사 학술 발굴조사 때 상당량의 초기청자가 출토되었다. 당시 발굴단에서는 중국에서 수입한 중국제 청자로 학계에 보고하였지만, 진안 도통리 중국식 벽돌가마에서 만든 초기청자를 쏙 빼닮아 후백제 초기청자로 본 주장도 학계에 발표되었다. 진안 도통리에서 만든 초기청자가 실상사에서 다량으로 나온 것은, 후백제 왕실과 실상사의 관계가 돈독하였음을 유추해 볼 수 있다.

그 개연성이 다시 또 입증되었다. 후백제 피난성으로 밝혀진 전주 동고산성, 후백제 왕실사찰로 평가된 완주 봉림사지와 장수 개안사지, 후백제 축성술 극치로 알려진 장수 합미산성과 침령산성, 후백제와 오월(吳越) 국제외교의 기항지 선유도 유적에서도 진안 도통리 초기청자가 다량으로 나왔다. 후백제사에 대한 새로운 도전과 인식 전환이 필요한 대목이다.

백두대간 고리봉 동쪽 기슭 개령암지(開嶺庵址) 마애불상군(磨崖佛像群)에도 오월의 천보(天寶)라는 연호가 다시 등장한다. 남원 개령암지 마애불상군은 백두대간 고리봉 동남쪽 기슭 암벽에 12구(軀)의 불상이 조각되어 있는데, 마애여래입상은 높이 4m에 달한다. 마애불이 새겨진 절벽 세 군데에 명문이 확인되었다. 명문은 중간에 탈락한 부분이 적지 않아 전체적인 해석은 쉽지 않지만 불상군 제작의 중요한 단서를 제공해 준다.

명문의 천보십(天寶十)은 후백제와 반세기 동안 가장 돈독한 국제 외교를 펼친 오월에서 사용하였던 연호로 927년에 해당한다. 중국 청자의 본향 오월과 가장 역동적인 국제 외교를 이끈 나라가 후백제다. 이제까지 고려시대 불상군으로 알려졌지만 운봉고원 일원이 줄곧 후백제 영역에 속하였기 때문에 후백제 때 만들어진 것이 아닌가 싶다.

운봉고원의 기문가야, 반파가야가 백제에 의해 멸망된 뒤 섬진강 유역에서 커다란 변화가 일어난다. 마한부터 내내 섬진강 부근에 있었던 중심지가 철산지와 가까운 동쪽으로 이동한다. 남원 척문리 · 초촌리 일대로 백제 고룡군의 행정치소이자 백제 사비기 지방에 두었던 5방성 중 남방성으로 비정된 곳이다. 남원 척문리에서 나온 은제화형관식(銀製花形冠式)이 그 역사성을 유물로 입증하였고, 남원 척문리 산성은 백제 남방성의 치소성(治所城)으로 추정된다.

그렇지만 섬진강 유역에서 또 다른 거점지역으로 알려진 임실군 임실읍과 순창군 순창읍에서는 중심지 이동이 확인되지 않는다. 전북 동부 철산지를 국가에서 직접 관할하기 위해 남원에 남방성을 설치하고 백두대간 동쪽으로 진출하기 위한 군사 교두보로 삼았다.

이때부터 남원이 섬진강 유역에서 정치 · 경제 · 문화의 중심지로 발돋움하기 시작한다. 전북 가야를 이끈 기문가야, 반파가야 멸망 이후 전북 동부 철산개발로 백제 중흥의 토대를 마련하겠다는 백제의 국가전략이 담겼다. 남원시 이백면 척문리 산성과 초촌리 고분군이 백제 고룡군의 후보지로 꼽힌다. 기문가야와 반파가야로 향하는 두 갈래 옛길이 하나로 합쳐지는 곳이다.

백제 멸망 이후 정치 중심지가 다시 또 이동한다.

남원경(南原京)이 설치된 뒤 남원 초촌리·척문리에서 지금의 남원읍성으로 그 중심지를 옮겼다. 통일신라는 남원경을 설치한 뒤 6년 동안 성을 쌓았는데, 당시에 쌓은 성이 남원읍성이다. 여러 차례 남원읍성을 대상으로 학술 발굴조사가 이뤄졌지만 통일신라 이전의 유구가 발견되지 않았고, 유물도 출토되지 않았다.

당시 요천을 따라 제방을 쌓아 남원경에 걸맞은 신도시가 새롭게 조성된 것이다. 전북 동부 철산개발이 섬진강 유역에 비로소 남원경을 탄생시켰다. 남원경과 완산주는 모두 통일신라 때 국책사업으로 건설한 신도시였다. 남원경이 설치되고 나서 후백제 멸망까지 철의 생산과 유통이 전북 동부의 위상을 최고로 이끌었다.

900년 견(진)훤왕이 도읍을 광주에서 전주로 옮긴 핵심 배경도 운봉고원의 철이 아닌가 싶다. 운봉고원 철산지를 거느린 남원경은 255년 동안 통일신라와 후백제의 남쪽 서울로 번영을 누려 전북 동부 철산지의 위상을 최고로 높였다. 전북의 동철서염을 국가 시스템으로 완성한 후백제는 후삼국의 맹주로 군림하였다.

후백제 멸망 4년 뒤 남원경이 남원부로 그 이름이

바뀌었다. 고려 태조 23년(940) 남원경을 없애고 대신 남원부를 설치하여 2개 군(임실, 순창)과 7개 현(장계, 적성, 거령, 구고, 장수, 운봉, 구례)을 관할하였다. 전북 동부 철산지가 대부분 남원부 소속으로 편제될 때 남강 유역의 운봉고원도 남원부와 첫 인연을 맺었다.

운봉고원의 철 이야기는 운봉고원의 속살이자 바로 미터이다. 고려 왕조는 운봉고원 철산개발을 중단시킨 뒤 천령군(天嶺郡)에서 남원부로 관할권을 이속시켜 국가의 통제력을 더욱 강화하였다. 운봉고원과 인접한 경남 함양군 마천면은 철분이 거의 함유되지 않은 반려암 산지여서 당시 남원부로 이관되지 않았을 개연성이 높다.

940년 봉화 왕국 반파가야의 정치 중심지로 밝혀진 장수군 장계분지에 두었던 벽계군도 벽계현(璧溪縣)으로 그 위상이 강등되었다. 이 무렵 전북 동부 철산지의 철산개발이 대부분 중단되었던 것 같다. 그리하여 전북 동부에서 발견된 300여 개소의 제철유적 중 한 개소도 문헌에 초대를 받지 못한 직접적인 원인이 된 것이 아닌가 싶다.

기원전 84년 지리산 달궁계곡에서 마한왕에 의해 처음 시작된 철산개발이 기문가야와 백제, 통일신라,

후백제까지 계기적으로 지속된 것으로 설정해 두고자 한다. 이제까지 축적된 고고학 자료에 의하면 운봉고원은 후백제의 철산지이자 동남쪽 거점이었다. 운봉고원 등 전북 동부는 천년 동안 대규모 철산지였음에도 불구하고 지금도 낙후 혹은 오지로만 회자되고 있다.

에필로그

 한반도의 등뼈이자 자연생태계의 보고가 백두대간(白頭大幹)이다. 조선시대 때 경상도와 전라도를 갈라놓는 행정 경계로 그 동쪽에 위치하고 있으면서 전라도에 속한 곳이 운봉고원이다. 이곳은 해발 500m 내외의 전형적인 고원지대로 남강과 섬진강 물줄기를 거느린다. 달리 신선의 땅으로도 회자되는 곳으로 금·은·동·철 등 무궁무진한 지하자원의 보물창고다. 전북 동부에서 단일 지역 내 제철유적의 밀집도가 가장 높은 곳이다.

 조선시대 서산대사가 쓴 『황령암기(黃嶺庵記)』에 지리산 달궁계곡 이야기가 나온다. 문헌의 내용을 요약하면, 기원전 84년 마한왕이 전쟁이 일어나자 지리산 달궁계곡으로 피난을 와서 71년 동안 나라를 다스렸다고 한다. 그리고 정장군과 황장군에게 성을 쌓고 지키게 하여 그 고개를 정령치, 황령치라고 부른다고 한다. 백두대간 고리봉과 만복대 사이에 두 고개가 있으며, 지리산 노고단 서북쪽 성삼재와 바래봉 남쪽 팔랑치도 마한왕과 관련된 지명들이다.

이 무렵 마한문화와 철기문화가 함께 운봉고원에 전래된 것 같다. 전북에서 철기문화가 유적과 유물로 검증된 곳이 완주 신풍(新豐) 유적으로 유명한 전북혁신도시이다. 기원전 3세기 전북혁신도시가 한반도 테크노밸리로 평가를 받았다. 지리산 달궁계곡으로 피난 온 마한왕의 명령을 받고 성을 쌓은 정령치와 황령치가 지리산 달궁계곡의 서쪽에 위치하여 마한왕의 출발지가 전북혁신도시였음을 뒷받침한다.

무슨 이유로 마한왕이 운봉고원에서도 가장 깊은 지리산 달궁계곡을 피난 터로 삼았을까? 현재까지 운봉고원에서 축적된 고고학 자료에 의하면 그 역시적인 꼬투리는 아무리 생각해도 철이다. 운봉고원에서 그 존재를 드러낸 40여 개소의 제철유적 중 20여 개소가 달궁계곡 일원에 모여 있다. 전북 동부에서 단일 지역 내 제철유적의 밀집도가 월등히 높은 철의 계곡이자 아이언 밸리였다.

지리산 달궁계곡에 제철유적의 밀집도가 높은 것은 연료의 공급과 관련이 깊다. 만약 철광석을 녹이는 과정에 숯이 떨어지면 연료를 조달하기 위해 제철유적이 인접 계곡으로 이동하여야 한다. 마한 및 백제가 전해 준 선진문물인 제련 및 철의 가공 기술도 운봉고원의 철기문화가 발전하는데 적지 않은 영향을 미쳤을 것으로 판단된다.

71년 동안 달궁계곡에서 국력을 다진 마한왕은 백두대간 정령치를 넘어 남원시 운봉읍 일대로 이동한다. 이 무렵 지리산 달궁계곡에서 철산개발로 국력을 다진 마한 세력이 정치 중심지를 계곡에서 넓은 들판으로 옮겼다. 운봉고원에서 자생풍수의 혈처로 꼽히는 운봉읍 장교리 연동마을에 마한왕이 잠든 몰무덤이 무리 지어 있다. 몰무덤은 말무덤의 방언으로 왕무덤, 즉 마한왕의 무덤이라는 뜻이다.

남원 입암리, 군산 미룡동 말무덤 학술 발굴조사에서 말무덤 혹은 몰무덤의 성격이 마한의 분구묘(墳丘墓)로 밝혀졌다. 삼한시대 때 운봉고원 등 전북 동부가 마한의 영역이었음을 고고학 자료로 살필 수 있다. 변한이 가야로 발전한 영남지방의 가야계 소국들과는 그 뿌리에서 커다란 차이를 보인다. 고창군을 제외한 전북에서 마한의 분구묘가 4세기 후반경 일시에 사라진다. 백제 근초고왕의 남정(南征)과 무관하지 않은 것 같다.

4세기 말엽 백제 근초고왕의 남진 정책으로 위기의식을 느낀 운봉고원의 마한 세력이 가야문화를 받아들여 가야계 소국으로까지 발전한다. 이때 정치 중심지가 운봉고원 내 아영분지로 다시 옮겨진다. 가야계 소국의 수장층 혹은 지배층 잠든 가야 고총이 아영분지 내 남원 청계리·월산리 고분군에서 처음 만들어지기 시작한다. 남원 월산리는 가야계 수장층 분묘유적 중 구릉지에 입지를 두어 마한계 분묘유적과 상통한다.

기문가야는 철의 생산과 유통으로 국력을 신장시켜 아영분지로 정치 중심지를 다시 또 남원 유곡리와 두락리로 바꾼다. 그리고 한반도를 비롯하여 중국, 일본열도(日本列島)를 아우르는 위세품(威勢品) 및 위신재(威信財)를 모아 동북아 문물교류의 허브였음을 유물로 입증하였다. 2023년 남원 유곡리와 두락리 고분군이 주변국과 자율적이고 수평적인 독특한 정치체계를 유지하면서 동아시아 고대문명의 다양성을 담아낸 탁월한 보편적 가치(outstanding universal value)를 인정받아 세계유산에도 등재되었다.

6세기 초 백제 무령왕의 가야 진출로 기문가야가 백제에 정치적으로 복속되었고, 궁륭상 횡혈식 석실분인 남원 유곡리와 두락리 36호분이 백제의 진출을 뒷받침한다. 운봉고원의 운영 주체가 가야에서 백제로 바뀌었지만 백제의 지배 기간이 그다지 길지 않아 백제와 관련된 고고학 자료가 박약(薄弱)하다. 백제는 운봉고원 철산지를 차지함으로써 다시 중흥의 토대가 굳건히 마련되었다. 백제 무왕의 아막성(阿莫城) 철의 전쟁도 그 일환이었다.

554년 충북 관산성(管山城) 전투에서 백제 성왕의 전사로 운봉고원의 주인이 백제에서 신라로 바뀌었다. 신라는 운봉고원 서북쪽 남원 아막성을 산정식에서 포곡식으로 크게 증축한 뒤 운봉고원 철산지와 국경선을 방어하기 위한 거점성으로 삼았다. 남원 아막성 내 신라계 집수시설에서 슬래그가 나와 운봉고원의 철산개발이 계기적으로 이루어졌음을 유물로 실증해 주었다. 신라가 삼국 통일의 밑거름을 운봉고원 등 전북 철산지에서 구축한 것으로 보았다.

통일신라 때 운봉고원에서 불교문화가 번창하였다. 중국 선종의 영향으로 5교 9산 중 실상산문(實相山門)이 운봉고원에서 최초로 문을 열었고, 한반도에서 처음으로 철불도 조영되었다. 실상사 철불(鐵佛), 즉 쇠부처님은 운봉고원에서 화려하게 꽃피운 철기문화의 화룡점정(畫龍點睛)이다. 운봉고원 내 실상사는 단일 사찰 중 국가 지정 문화유산인 국보, 보물이 가장 많아 운봉고원의 철산개발을 불교 문화유산으로도 방증한다.

후백제도 운봉고원 철산지에 대한 국가 차원의 전략이 각별하였다. 후백제의 발전과 번영을 염원한 편운화상승탑(片雲和尙僧塔)에 후백제의 연호인 '정개(正開)'가 등장하며, 남원 개령암지(開嶺庵址) 마애불상군에서도 후백제 불교미술을 조우(遭遇)할 수 있다. 마한왕의 명령을 받고 정장군이 지킨 정령치 부근에 후백제 개령암지가 자리한다. 신선의 땅 운봉고원 철산지는 후백제 국력의 화수분이었다.

전북 동부 철산지의 흥망성쇠(興亡盛衰)를 유적과 유물에 일목요연하게 수놓은 곳이 신선의 땅 운봉고원으로 마치 무릉도원(武陵桃源)을 연상시킨다. 백두대간 품속 운봉고원은 철기문화의 파노라마(panorama)이자 만다라였다. 그리하여 운봉고원이 세간에 파라다이스로도 회자된다. 초기 철기시대부터 후백제까지 천년 동안 화려하게 꽃피운 운봉고원의 철기문화를 역사문화 관광자원으로 활용하기 위한 민관학의 융복합 전략이 마련되었으면 한다.

전북 東鐵西鹽 길잡이

신선의 땅 운봉고원 鐵이다

인　　쇄	2025년 08월 07일
발　　행	2025년 08월 14일

지은이	곽장근
편　집	조명일 유영춘 유수빈
교　정	박흥수 김민지 이승주 신화희 이고은 김주원 문다인
펴낸곳	국립군산대학교 박물관

인쇄·제본　신아출판사
　　　　　　전북특별자치도 전주시 완산구 공북1길 16
　　　　　　(063) 275-4000

저작권자 ⓒ 2025, 국립군산대학교 박물관
이 책의 저작권은 저자에게 있습니다. 서면에 의한 저자의 허락없이
내용의 일부를 인용하거나 발췌하는 것을 금합니다.
저자와 협의, 인지는 생략합니다.
잘못된 책은 바꿔 드립니다.

ISBN 979-11-94595-86-1　03980

값 10,000원

Printed in KOREA